METHU PEIDIO

METHU PEIDIO

William Owen

bwthyn
GWASG Y BWTHYN

Argraffiad cyntaf Rhagfyr 2008

ISBN: 978-1-904845-78-2

Mae'r cyhoeddwyr yn cydnabod cefnogaeth ariannol
Cyngor Llyfrau Cymru

Cyhoeddwyd ac argraffwyd yng Nghymru
gan Wasg y Bwthyn, Caernarfon

CYNNWYS

I

Erin Haf

am

ddod â chymaint o lawenydd

i'n bywydau

Rhagair

Gair o rybudd i feirniad neu adolygydd, yn wir i unrhyw ddarpar brynwr a ddigwydd gael ei hudo i fynd i'w boced i grafu o'i enillion prin yn gyfnewid am y gyfrol fach hon. Ni honnir fod fawr o werth llenyddol ar ei chyfyl, llai fyth o sylwedd, a'r unig gyfiawnhad dros ei chyhoeddi yw fod rhyw ddarllenydd anhysbys i lawr tuag Aberystwyth 'na (bendith ar ei ben annwyl!) wedi dyfarnu ei bod o fudd i'r Cyngor Llyfrau wario cyfran o arian y trethdalwyr i'w noddi. Rhyngddyn nhw â'u petha! Yn sicr doeddwn i ddim am sefyll yn eu herbyn. Ond, na'm camddealler. Byddaf yn dragwyddol ddiolchgar iddynt wrth reswm.

Casgliad o sgrifeniadau achlysurol sydd yma. Ni fynnir ar unrhyw gyfri eu galw'n ysgrifau. Pytiau ar ddull sgyrsiol, a minnau, o bosib, wedi mynd i rych. Anodd tynnu cast o hen geffyl, decini? Ond os wyf mewn rhych fe osodwn i'r bai yn daclus ar ysgwyddau digon llydan y golygyddion hynny, yn arbennig pennaeth y cythreuliaid, R. Alun Evans am swcro deunydd o'r math hwn ar gyfer rhaglenni fel *Rhwng Gŵyl a Gwaith* a *Sglein*, o barchus goffadwriaeth, ar Radio Cymru 'stalwm. Ac er i raglenni o'r fath hen fynd yn rhan o'r gorffennol mi fethais i'n lân â symud o'r rhigol gan ddal ati i lunio rhyw bytiau cyffelyb fel y rhain o dro i dro.

Fe gyhoeddwyd un neu ddau eisoes (eithr ar ffurf dra gwahanol mewn rhai achosion) yn *Y Casglwr, Taliesin, Yr Wylan* a'r *Goleuad* a diolchir am ganiatâd i'w hatgynhyrchu yn y casgliad hwn. Mae'r rhan helaethaf, fodd bynnag, yn newydd ac yn gweld goleuni dydd am y tro cyntaf.

Mae 'nyled i'n drwm unwaith yn rhagor i'r cyfeillion yng Ngwasg y Bwthyn. Diolchir am deyrngarwch ac ymddiriedaeth June Jones sy'n llywio'r gweithgareddau mor fedrus yno, am frwdfrydedd tanbaid a heintus Geraint Lloyd Owen, y swyddog cyhoeddi, ac am hynawsedd a chydweithrediad parod gweddill y staff.

Eiddo personol yw mwyafrif lluniau'r gyfrol ond mae'n ddyletswydd arnaf gydnabod caredigrwydd Ifanwy Williams am roi benthyg y rhai o'i thaid ac o Eifion Wyn i mi, i Anwen Breeze Jones am lun o'r gornchwiglen, eiddo ei diweddar annwyl ŵr, Ted, ac i Emyr Evans, rheolwr Arsyllfa Glaslyn, am y rhai o walch y pysgod. Ymddiheurir os bu i mi gynnwys ambell un arall na wyddwn pwy oedd berchen yr hawlfraint arno.

Manteisiais hefyd ar aelodau fy nheulu. Bu Fflur a Robin yn gyson eu diddordeb a'u cefnogaeth a bu Susan, yn ôl ei harfer, yn fwy na chefn i'w gŵr. Da bod rhywun o gwmpas y lle'n medru trin y peiriannau felltith 'ma! Rhy ddyrys ydynt, ac a fyddant, i mi. Byddai'n o ddu arnaf hebddi.

William Owen
Borth-y-gest

Hydref 2008

A oes anfarwoldeb?

Yn siop Ellis y Barbwr yr oeddwn i. Mae'n wir fod ganddo gryn ddyrnaid o farbwyr eraill (bu ond y dim i mi â deud 'barbariaid') yn ei gynorthwyo yn ei fusnes llewyrchus ond fel yr oedd pethau'n digwydd bod ef a roddai'r cneifiad i mi'r tro hwnnw. Bu Ellis, fel y cofiwn, yn gyn-ddisgybl i mi ryw oes ac fel yr oedd yn ymhél yn dra chydwybodol â'i orchwyl datblygai'r sgwrs rhyngom yn un eithaf difyr wrth inni'n dau osod y byd yn daclus yn ei le – yn union fel y bydd rhywun mewn siop barbar, decini.

Eithr bu raid i mi adael wedi'r driniaeth â'm cydwybod wedi'i dwysbigo fymryn am ei fod wedi'm hatgoffa o gam digon gwag a difeddwl a roddais rywbryd yn ystod fy ngyrfa fel athro. Diau, cofier, pe gwyddwn i amdanynt, imi roi nifer o gamau gweigion eraill hefyd yn fy nydd, eithr am un arbennig yr atgoffwyd fi y tro hwnnw. O drugaredd.

Am ryw reswm na alla i yn fy myw erbyn hyn gofio chwaith, petai hynny o dragwyddol bwys, troesai'r sgwrs rhyngom rywsut neu'i gilydd i drafod cŵn:

'Dew annw'l,' sylwodd Ellis, 'mi bechoch chi'n ddifrifol yn fy erbyn i unwaith yn 'rysgol 'stalwm ac fe fûm am flynyddoedd cyn i mi hyd yn oed feddwl am fedru maddau i chi chwaith.'

''Rioed!' protestiais

'A dydw i byth wedi medru anghofio'r peth yn hollol,

dalltwch chi . . .,' ychwanegodd, eithr yn lled gellweirus, ac yr oedd hynny o leiaf yn beth cysur i ddyn.

Ond beth ar wyneb daear? Pa bechod anfad, tybed? Doeddwn i 'rioed wedi cynnig na rhoi bonclust iddo ryw dro? Câi peth felly ei oddef, onid ei dderbyn, bryd hynny. Byddai rhywun o flaen ei well yn syth o gyflawni gweithred felly heddiw. Ond eto, chwarae teg, doeddwn i ddim yn tybio 'mod i wedi g'neud enw i mi fy hun fel clustochwr yn ystod fy ngyrfa. Am un fonclust yn unig y cofiwn i mi ei gweinyddu ac yr oedd yr un waith honno'n ddigon. Heb i mi fynd i orfanylu ynghylch y peth, roedd honno'n fam yr holl fonclustiau ac yn sicr nid Ellis y Barbwr a'i cafodd.

'Fûm i'n gas wrthach chi 'ta?' holais.

'Naddo . . .' atebodd yn bur bendant.

'Gawsoch chi sgytwad neu gynnig clewtan?'

Na, dim hynny chwaith. Ond be yn enw popeth?

'Yr hyn ddeudsoch chi mewn gwers R.I. . . .' tystiodd wedi peth petruster.

Wel nawr, doedd dyn ddim am wadu'r posibilrwydd iddo draethu rhai pethau digon gwag a di-fudd yn ei wersi Addysg Grefyddol o bryd i'w gilydd ac i mi siarad ar fy nghyfer droeon ynghyd â thraethu rhai ofereddau digon difeddwl. Eithr be' yn union?

'Wedi bod yn cael ryw drafodaeth yr oeddan ni,' meddai, 'ynghylch oedd yna fywyd arall ar ôl hwn.'

'Pwnc go ddyrys,' ategais.

'Ydach chi'n cofio?'

Na, doeddwn i ddim.

'Ac mi ofynnis i gwestiwn i chi.'

'O?'

'Oeddach chi'n credu fod 'na fyd arall ar gyfer anifeiliaid, cŵn a ballu?'

Roeddwn i'n dechrau aniddigo erbyn hynny.

'A be' ddeudis i?'

'Deud nad oeddech chi ddim yn meddwl bod 'na . . .'

'Tybed?'

'Do, wir i chi.'

'Ac mi bwriodd hynny chitha oddi ar eich hechel?

'Do, braidd – oblegid y noson cynt, dach chi'n gweld, roedd ein ci bach ni adra wedi marw'n reit annisgwyl a finna â meddwl y byd ohono . . . a phan ddeudsoch chi yn 'rysgol drannoeth, mi dorris fy nghalon.'

Chwerthin a chael hwyl fawr ynghylch y cyfan y buon ni wedyn hyd derfyn ein sgwrs. Roedd yn amlwg fod y dolur wedi llwyr gilio er bod y graith wedi mynnu aros. 'Rôl mynd allan sut bynnag bûm yn pendroni'n hir ynghylch y mater. Pa faint mwy o'i gyn-ddisgyblion tybed y bu i un yr oedd ei ddiwinyddiaeth, a dweud y lleiaf, wedi bod erioed ar seiliau digon simsan, dramgwyddo yn eu herbyn? Beth ddaeth drosta i i fod mor fyrbwyll yn rhuthro i leisio barn ar bwnc mor astrus, barn a ymddangosai i lafn o hogyn o Garndolbenmaen fel un derfynol, gwbl anffaeledig?

Ond, o ran tegwch, ifanc a phur ddibrofiad oeddwn innau ar y pryd a dichon fod hynny'n rhyw fath o gyfiawnhad. O fod yn feddiannol ar rywfaint o ddoethineb drannoeth buasai wedi bod yn llawer rheitiach i mi fod wedi ei gynghori i gysylltu ag awdurdod uwch er cael ateb i'w gwestiwn, ei weinidog, person y plwy neu'r offeiriad pabyddol. Y ffaith amdani yw na wnes i ddim. Y lle y bu angylion yn ofni tramwy y rhuthrais i i'w sarnu gan wneud cryn lanast o bethau; ac oni ddyliwn i fod wedi galw i go' farn Ned Huw, Tyddyn Creigiau, yn ysgol Sul Bethlehem ers stalwm pan ofynnwyd cwestiwn nid annhebyg iddo yntau un tro. Doedd o ddim yn rhy siŵr ynghylch tynged llewod a theigrod a jiraffs ac eliffantod er ei fod yn syrtan sicr, chwedl yntau, fod Ned, yr hen ferlyn y marchogai ar ei gefn i bobman ac a fedyddiwyd â'r un enw'n union a'i berchennog, yn bownd ulw o etifeddu'r gwynfyd rhyw ryfedd ddydd. Mae'n eithaf gwir hwyrach i gryn amwysedd fod erioed yn nhraethiadau diwinyddion ac athronwyr ynghylch y mater ac nad oes fawr neb, hyd yn hyn beth bynnag, wedi wynebu'r cwestiwn yn wrol. Eto i gyd, fe ddyliwn o leiaf hefyd fod wedi cofio i Sant Ioan y Difinydd yn Llyfr y Datguddiad weld pedwar anifail yn sefyll o gwmpas yr orseddfainc yn y nef; ac onid oedd yr Ysgrythur mewn man arall wedi datgan yn bur bendant na syrth yr un aderyn y to i'r ddaear heb fod hynny yn achosi mawr gonsýrn i'n Tad Nefol? Eto, ysywaeth, wnes i ddim.

Eithr bellach fe lifodd peth wmbredd o ddŵr dan y bont ers pan draethwn i mor rhwydd a therfynol ar gwestiynau dyrys anfarwoldeb eneidiau cŵn a chathod. Yn y cyfamser daethom ninnau fel teulu acw yn berchen, yn eu tro, ar ddau gi – dwy ast fach, a bod yn hollol fanwl – a dwy 'run pryd o blith y rhai anwylaf a fu'n cnoi asgwrn ac yn ysgwyd cynffon erioed. Dwy o wehelyth Spangwn Cafalîr y Brenin Siarl, a dwy y bu iddynt, rwy'n ofni, gael eu difetha'n lân loyw gennym, yn wir ymron eu dwyfoli. Ac os yw rhywun yn ddigon ffôl a diweledigaeth i fod yn euog o'r camwedd hwnnw mae'n rhaid iddo hefyd fod yn barod yn hwyr neu'n hwyrach i wynebu'r canlyniadau.

Mae'r ail, Fflos, ar dir y byw efo ni o hyd acw er ei bod yn hen wreigan mewn gwth o oedran erbyn hyn hefyd. Nid yw byth hyd yn oed yn mentro allan, ac eithrio i'r cefn i wneud yr hyn y mae rheidrwydd ar bob anifail ei gyflawni. Disgwylir i ninnau weddill yr adeg ddawnsio tendans law a throed, ddydd a nos, arni. Bron na ellir haeru ei bod hi bellach yn rheoli'r aelwyd acw a'n bod ni yn byw efo Fflos yn hytrach na Fflos efo ni.

A myrdd o'r cychwyn fu'r trafferthion a gawsom yn ei sgil, eithr digon am y tro yw nodi un o'r cyfryw dreialon yn unig. Roedd cwpwl o gyfeillion wedi eu gwahodd acw un nos Sadwrn i rannu pryd bwyd efo ni. Roedden nhw wedi cyrraedd yn eithaf prydlon oddeutu hanner awr wedi chwech ac wrth i ni eu croesawu ar ben y drws fe gyflwynwyd pecyn o rywbeth i'm gwraig. 'Rwbath i chi'ch dau ydi hwnna,' dywedwyd yn serchus. Doedden nhw ddim ond yn dilyn y confensiwn derbyniol, arferol, decini.

Fyddai o ddim wedi bod yn weddus i'r un ohonom fynnu ei agor i archwilio cynnwys y pecyn yn farus yno yn y fan a'r lle er ei bod yn amlwg, o'i fyseddu, ac o ystyried ei bwysau mai potel o win neu rywbeth cyffelyb oedd ynddo. Fe'i derbyniwyd er hynny'n ddiolchgar eithr yn hytrach na mynd â fo'n syth drwodd i'r gegin fe'i gadawyd ar led ymyl rywle yn ein hystafell fyw; ac yno y buom ni am un awr dda yn traethu am yr hyn a'r llall ac arall tra bod Fflos yn diystyru pawb a phopeth ac yn chwyrnu'n braf yn ei chornel.

Ymhen hir a hwyr fe aethom ein pedwar drwodd i'r

ystafell fwyta i gyfranogi o'r pryd oedd wedi ei baratoi ar gyfer ein gwesteion, gan ei gadael hi ar ôl yn ddedwydd ym myd pleserus ei breuddwydion. Buom yn gwledda ac yn gosod llinyn mesur ar fyd ac eglwys am awr dda a rhagor, siŵr gen i. Pa ddiben wedi'r cwbl oedd mewn rhuthro? Roedd y cwmni'n un diddan, yr ymgomio'n felys a noson gyfan yn ymagor o'n blaenau i'w mwynhau.

Yn ystod yr egwyl wedi inni wneud cyfiawnder â'r prif gwrs fe dybiais 'mod i'n clywed sŵn chwyrnu lled anniddig yn dod o'r ystafell fyw. Fflos am ryw reswm yn dechrau bod yn stranclyd, penderfynais. Codais oddi wrth y bwrdd ac euthum i ymchwilio i'r mater.

A chwyrnu'n anymwybodol ar ei hyd ar y carped yr oedd hi yng nghanol cryn lanast. Unwaith y gwelsai ein cefnau ni roedd hi wedi ymosod ar y pecyn y daethai ein gwesteion i'w canlyn ac wedi rhwygo'r cwdyn oedd amdano er cael at y cynnwys, sef potel o win coch Bwrgwyn ynghyd â bocs pedwar can gram o siocledi After Eight. Gwaeth fyth, aethai ati'n ddeheuig wedyn i'r afael â'r bocs siocledi, ei rwygo'n llafreia gan wledda'n fras a llowcio'r bali lot, hyd yn oed y waledi papur oedd am bob un o'r milmyrdd darnau. Dim ond mân dameidiau o weddillion y bocs oedd ar ôl yma ac acw ar hyd ac ar led yr ystafell, er bod y rhan helaethaf o hwnnw'n ogystal wedi diflannu lawr y lôn goch i rywle. O drugaredd ni lwyddasai i agor y Bwrgwyn neu fe fyddai hyd yn oed gwaeth wedi'n haros.

Nawr, fe wyddem ni'n burion y gallai bwyta cymaint â hynny o siocled fod yn beryg bywyd – yn wir yn angheuol – i gi bychan o faintioli Fflos a oedd yn berchen cyfansoddiad mor ddelicet prun bynnag. Be' oeddem ni'n mynd i'w wneud? Roedd hi'n awr fawr o argyfwng gan ei bod yn tynnu am ddeg o'r gloch ar nos Sadwrn. O ba le y dôi'r waredigaeth?

Yn ein dirfawr wewyr doedd dim ond un llwybr yn agored inni, sef ffonio'r ffariar yng Nghaernarfon yn y gobaith y byddai rhywun o leia' ar ddyletswydd yno ar awr mor anghymdeithasol; ac yn wir roedd rhyw ragluniaeth dawel o'n plaid oblegid fe gododd rhywun y derbynnydd yn y pen arall.

'Beth ydi'r broblem?' holwyd.

Dyma ninnau yn fwg ac yn dân yn adrodd yr holl hanes. Saib hir ddisgwylgar wedyn cyn cael gorchymyn:

'Dowch â hi i mewn y funud 'ma. Oni chawn ni afael arni mewn llai nac awr mi fydd pethau'n o ddu . . .'

I dorri stori hir yn fyr fe roddwyd cic dan benolau (er nad yn gwbl llythrennol felly, cofier) ein gwesteion a'u gyrru oddi acw'n amddifad o'u pwdin. 'Ewch! Gl'uwch hi! Mi cewch o eto, ylwch. Mae hwn yn imerjensi,' a chan gydio yn Fflos a oedd erbyn hynny fel petai'n dal i fod mewn coma ac wedi chwyddo deirgwaith ei maint arferol, a'i chludo i'r cerbyd. Gyrru wedyn yn orffwyll am Gaernarfon a thorri pob rheol yn racs ym mhob man lle roedd y gyfraith yn hawlio cyfyngu ar y cyflymder – cwta ugain munud pan gymerai fel arfer hanner awr dda; ac yno ym mhencadlys Hubbard & Williams yn Stad Cibyn – bendith ar ei phen annwyl – roedd un o'r milfeddygon ifainc yn aros amdanom. Taenwyd papurau newydd yn drwch ar lawr y syrjeri ac yna, heb oedi yr un eiliad, gwthiwyd pilsen i lawr corn gwddf yr hen greadures er na welwyd erioed driniaeth a gafodd effaith mor eithriadol syfrdanol gyflym chwaith.

Mewn mater o eiliadau fe ddechreuodd gyfogi a chyfogi a chyfogi; sôn am chwydfa, er mai doethach fyddai ymatal, debyg, rhag rhestru'r holl fanylion graffig. Roedd y cyfan yn gymysg oll i gyd â gweddillion waledi papur pob un o'r darnau After Eight.

'Ewch â hi adra rŵan,' cynghorwyd, 'gall y pedair awr

nesa fod yn rhai o argyfwng. Rwy'n disgwyl iddi gael mwy o byliau fel hyn ynghyd â thwtsh, yn wir mwy na thwtsh, o'r dolur rhydd i'w canlyn . . . a ffoniwch ar bob cyfri os sylwch chi ar unrhyw ddirywiad yn ei chyflwr.'

Rhoed argraff ddigamsyniol arnom mai cael a chael fyddai hi, ac am adre yr aethom ni. Yno y buom ni 'rieni' pryderus wedyn ar ein traed drwy gydol hir y nos yn disgwyl y diwedd unrhyw funud tra oedd Fflos yn chwyrnu'n braf. Ni ddioddefodd oddi wrth yr un o'r sumtomau a gafodd eu darogan ar ei chyfer. Yn wir erbyn y bore roedd y chwydd wedi hen gilio, hithau mor fflons â phioden, yr un blotyn gwaeth, yn blysio ei brecwast – dwy lwyaid o iogwrt fel y cwrs cyntaf a charton o Caesar Senior yn cynnwys reis a chyw iâr i ddilyn. Gwnaed cyfiawnder helaeth â'r cyfryw ddanteithfwyd.

Pwy gadwai gi fyth, gwaredem wedi'r holl helynt? Ac fe roddwyd mwy o halen ar y briw ymhen llai nag wythnos pan gyrhaeddodd bil o hanner canpunt namyn pum ceiniog am drafferth y ffariar. Fe fu ond y dim inni â gyrru hwnnw yn syth ymlaen i'r cyfeillion a ddaethai acw i swper atom ni. Nhw, yn y pen draw wedi'r cwbl, oedd yn gyfrifol. Eu bai nhw oedd dod â'r blincin . . . eithr ymatal wnaethon ni yn y diwedd am mai twrnai wrth ei alwedigaeth oedd un o'r cyfeillion hynny. Does wybod beth fyddai ei ymateb ef. Er hynny, erys un ffaith ddiymwad nad ydym ni acw yn awyddus i weld yr un arlliw o focs After Eight yn unman tra bydd ynom chwyth na chwimiad byth eto.

Rwy'n ofni erbyn hyn 'mod i wedi crwydo'n o bell oddi wrth fy nhestun a'm bod yn euog o gryn lwfrdra am osgoi unrhyw barodrwydd i gynnal trafodaeth ystyrlon ar gwestiwn mor ddyrys, sef y posibilrwydd fod iachawdwriaeth dragwyddol wedi ei threfnu yn yr arfaeth fawr gogyfer â chŵn a chathod a'u tebyg.

Rhy ddyrys yw i mi, rwy'n ofni, er ei bod yn drueni na fyddwn i wedi arddangos yr un gonestrwydd neu ffaeledigrwydd, beth bynnag y'i gelwir, i Ellis y Barbwr pan oedd o ddim ond ryw bathaw deuddeg oed yn eistedd o'm blaen yn y ddesg 'stalwm.

Rwy'n ildio'r maes i'r gwybodusion yn y mater, er y gellir manteisio unrhyw adeg ar fy mhrofiad o droi'r cwestiwn wyneb i waered fel petai. Gallwn ei ateb wedyn yn eitha' rhwydd. Oni wn a oes nefoedd wedi ei threfnu ar ei gyfer fe wn un peth yn bur sicr, o gofio'r holl helyntion a gawsom ni, fod rhywbeth yn ymylu ar uffern wedi ei ragarfaethu ar gyfer perchennog anffodus ambell gi, neu ast, go anystywallt fel nacw.

Canol ha' yn Ebrill

Gellir cyfri ar fysedd un llaw y troeon y bu i mi dywyllu drws y Desco fawr yn y Port. Fe'i dywedais o'r blaen ac fe'i dywedaf eto ei fod o ddirfawr warth a chywilydd i ganiatâd erioed gael ei roi i godi'r fath erchyllbeth sydd bellach yn llwyr anharddu canol prif dref Eifionydd. Ffor shêm i'r awdurdod cynllunio a phwy bynnag arall a fu'n ymgyrchu'n frwd o'i phlaid. Er nad dyna'r union drywydd y bwriada i ei ddilyn y tro hwn chwaith.

Dechrau Ebrill 2007 oedd hi a minnau yn digwydd bod ar un o'm hymweliadau anaml â'r hongliad afrosgo. Roedd yn ferw gwyllt yno, eithr dim ond y prysurdeb arferol yn ôl y sôn. Doedd dim modd i ymwelydd tra anfynych â'i chynteddoedd wybod yn amgenach. Prun bynnag, wrth aros fy nhro i glosio'n araf er talu wrth y til allwn i ddim llai na chustfeinio ar sgwrs fyrlymus dwy wraig a safai nesa atom.

'Lle ce'st ti'r lliw haul gogoneddus 'na, dywad?' holodd y naill, 'rwyt ti'n frown drostat.'

'Ac yn eithaf prowd ohono fo hefyd, dallta di,' atebodd y llall, 'newydd ddychwelyd o Lloret de Mar cofia, Jên. Lle lyfli, hogan, yn enwedig yn yr off sisyn, yntê!'

'Wel am braf.'

'Ma' Jac a finna wrth ein bodda yn Sbaen, sti, er bod gynnon ni ffansi trio Tenerîff yn August am ryw chênj bach, ac os medrwn ni rywsut yn y byd mi jansiwn ni

Fflorida i edrach am Mici Mows jyst cyn y gaea yn November.'

'Nefi trugaradd!' ebychodd y ddywededig Jên, 'glôb trotars rêl down, ddyliwn.'

A'i chydnabod yn ateb,

'Pam lai wir? Isio i rywun enjoio'i hun sy 'te? Tra medrwn ni. Leiff is tŵ blincin short fel mae o, mechan bach i. God knows! Does 'na run garantî, nac oes, y bydd yr un ohonon ni ar dir y byw 'radag yma'r flwyddyn nesa.' *You're a long time dead*, myn dian i.'

A dydw i'n amau dim nad oedd y wraig lifeiriol ei pharabl rywle o'i chwmpas hi. Onid manteisio ar fwyniant y funud a ddylid? Rhag i rywun ddifaru, rhag colli cyfle, cyn iddi fynd yn rhy hwyr?

Nawr, ymhen yr wythnos roedd hi'n Basg a chyn belled ag yr oedd a wnelo'r tywydd â'r peth choelia i fyth na fyddai wedi bod yn llawer rheitiach i'r wraig honno y bûm yn clustfeinio ar ei doethinebu yn Tesco aros gartre. Doedd dim raid iddi gyrchu dramor i chwilio am haul beth bynnag. Yn wir roedd hi'n boethach yn y Port nag ym Mhortiwgal, ar draeth y Greigddu nag ar draethau Groeg, ar y Costa Morfa nag ar y Costa Brava.

Beth oedd yn digwydd i hinsawdd y ddaear, holai ambell un yn ddryslyd? Y c'nesu byd eang oedd ar fai yn siŵr er nad oedd hynny fel petai'n mennu dim oll nac yn achosi pryder o fath yn y byd i'r cannoedd a heidiai'n ddiamcan yn hanner, onid trichwarter noethion, o gwmpas y lle, ac wrth iddynt drampio o un pen i'r Stryd Fawr i'r llall yn amlygu eu boliau a gorchestu eu tatŵs gyda mesur helaeth iawn o falchder.

Toc, wedi cinio ddydd Gwener y Groglith, 6 Ebrill, euthum am dro gyda'r bwriad digon teilwng o osgoi'r holl ddwndwr. Cychwyn drwy Goed y Borth cyn ymuno â Ffordd Morfa Bychan sy'n arwain i ben yr allt a chan ddilyn y llwybr o'r fan honno wedyn ar draws y caeau i gyfeiriad y Garreg Wen.

Roedd hi'n brynhawn hyfryd, y coed yn blaguro'n ffyrnig, rhai gwrychoedd eisoes dan ddail, yr ŵyn yn prancio, yr adar yn canu o'u hochor hi, y gwanwyn ar gerdded dros bob man, tra mod innau'n dwyn i gô' linellau o rigwm, eiddo ein cyn fardd cenedlaethol:

> Gyda deffro îr y flwyddyn
> Y mae'r byd yn troi yn addfwyn
> A bydd Ebrill a briallu'n
> Lliwio'r wlad yn wyrdd a melyn.

Clywswn fod y wennol wedi cyrraedd Pen Llŷn er na welais i 'run y pnawn hwnnw chwaith, eithr sylwais ar hwyaden wyllt yn nofio'n dalog ar draws y llyn sydd ar ganol y maes carafanau gyda chymaint ag unarddeg o'r cywion bach newydd ddeor, y ciwtiaf welwyd i'w chanlyn. Allwn i ddim credu'r peth o gofio pa mor gynnar yn y tymor oedd hi. Manteisio yr oedd hi ar y tywydd teg i fynd â nhw am y padliad cyntaf, mae'n amlwg, er na allwn i lai na thosturio wrth y greadures druan. Wel am gyfrifoldeb oedd arni i fagu'r fath dorllwyth o blant. Unarddeg. Bobol y ddaear! Mi fasa'n sigo'r cryfaf. Dau fu acw ac yr oedd hynny'n fwy na digon.

Fe ŵyr y cyfarwydd fod y llwybr wedyn yn arwain uwchlaw'r môr yn ôl i Forth-y-gest. A dyna sylwi rywle wrth fynd heibio, lawr ymhlith y drysni islaw i mi, ar geirioswydden yn ei llawn flodau. Welais i undim gogoneddusach ers tro byd. A syfrdan y sefais yno i'w hedmygu.

Roedd yr olygfa, odidoced ydoedd, yn mynd ag anadl dyn bron, eithr gan gofio'r un pryd hefyd i'r A. E. Housman ifanc ugeinmlwydd un tro gael ei lwyr gyfareddu gan brofiad nid annhebyg. Mae'n wir mai dipyn o hen gingron fu Housman yn ei ddydd – ysgolhaig disglair ac athro Lladin yng Nghaergrawnt – ond heb fod yr un iot o hynawsedd ar ei gyfyl, yn ôl pob tebyg. Eto i gyd, fo oedd awdur y clasur bychan hwnnw, y casgliad o gerddi sy'n dwyn y teitl *A Shropshire Lad*, gwaith y cyflawnodd y diweddar J. T. Jones y fath orchest wrth ei gyfieithu i'r Gymraeg a'i gyhoeddi dan y teitl *Y Llanc o Sir Amwythig* gan Wasg Gee yn 1939.

Un o'r telynegion enwocaf, ond odid y berffeithiaf yn y casgliad hwnnw, yw'r un i'r geirioswydden, ac yn sicr y mae'r cyfieithiad yn werth ei ddyfynnu:

Mae'r geirioswydden, brydferth bren
Yn awr â blodau drosti'n llen,
A saif, ger llwybyr Coed y Glyn
At Ŵyl y Pasg yn gwisgo gwyn.

Yn awr, mae o'm saith dengmlwydd i,
Ugain ni ddônt yn ôl i mi,
Ac ni ad ugain gwanwyn chwim
Ond pum deg gwanwyn arall im.

Ac am fod pumdeg gwanwyn mwyn
Mor fyr i syllu ar flodau'r llwyn –
Mi af i weld, yng Nghoed y Glyn,
Y ceirios bren dan eira gwyn.

Dyma gerdd sydd wedi ei llythrennu'n gain ac sy'n hongian mewn ffrâm ar un o'n parwydydd ni acw. I'n hatgoffa am fyrder pethau, byrder einioes yn arbennig felly, canys wrth i'r hen flynyddoedd 'ma gerdded rhagddynt, da fyddai i ni oll geisio manteisio ar bob cyfle – tra medrwn.

Ac, o feddwl, tebyg fod y wraig yn Tesco ac A. E. Housman, yr athro Lladin yng Nghaergrawnt, ar yr un donfedd yn union â'i gilydd. Dim ond bod eu blaenoriaethau hwyrach rhyw ychydig yn wahanol. Ond does dim dwywaith, beth bynnag, nad oeddynt yn llygad eu lle.

Nid na fu awdur Llyfr y Pregethwr yntau yn brin o roi yr un cyngor ynghylch manteisio ar bethau tra medrwn – 'cyn dyfod y dyddiau blin' a ballu. Y mae'n gyngor na ddylid ar unrhyw gyfri troi clust fyddar iddo, yn arbennig felly yr adeg honno o'r flwyddyn a phan fo hi'n fis Mai arnom, canys fel y dywedodd un o'n poetau ni ein hunain ym Mhorthmadog acw – 'gwyn ein byd bob tro y dêl' y mis hwnnw heibio. Mor wir yr un pryd eiriau bardd arall, un a oedd o'i ysgwyddau'n uwch hyd yn oed nag Eifion Wyn:

Llawn wyf o ddig na thrigai
(Beth yw i mi?) byth y Mai.

Ennill pencampwriaeth yn nyfnderoedd y Sowth

Goddefer mymryn o ymffrost naturiol tad am y tro. O'r gorau, mi wn i'n burion mai gwyn y gwêl y frân ei chyw bob gafael, boed arno'r lliw a fynno, ond mae seiliau dilys a chwbl gadarn i'm hychydig frol y tro hwn beth bynnag. Diar annw'l, mae'r hogyn acw'n g'neud yn dda i lawr tua'r Sowth 'na.

Ia'r Sowth, Sowth Wêls felly. Yno mae o ers un chwe blynedd bellach ac yn g'neud tipyn o enw iddo fo'i hun yn y fargian. Mynd yno i chwilio am waith wnaeth o i ddechra' cychwyn. Dim bachiad i'w gael yma yng Ngwynedd rydach chi'n dallt. Ac mi mentrodd hi. Diawch gwyllt, mae angen i rywun fentro weithia' does, neu lle basan ni, yn gywirach lle basan nhw, pobol y Sowth, yr Hwntws felly, heb i amball un dewrach na'i gilydd o'n plith ni ryfygu i lawr i wareiddio ac i sufulo tipyn ar y giblats?

A deud y gwir plaen wrthach chi, petha' rhyfadd drybeilig fyddan ni acw'n gweld petha'r Sowth 'na. Mi fydd 'i fam o a finna'n picio i lawr am ryw ddeuddydd ambell dro at yr hogyn acw – cyfla iddi hi garthu tipyn ar y shanti sy gynno fo ac i minna roi tro ar ei ardd, er bod y blincin cathod sy hyd fan 'no yn bla a'u baw yn domennydd ym mhobman. Mae un hen beth drilliw y rhown i rwbath am gael benthyg twelf bôr baril dwbl i gael gwared â'r g'nawas.

Wel i chi, yn y Desco leol yno yr oeddan ni'n digwydd bod pan ddechreuodd rhyw greadur digywilydd roi cynnig ar dynnu sgwrs efo ni. Hen betha' fforward a phowld fel yna ydyn nhw, sy'n mynnu mynd i'ch ciarpad bag chi ar y cynnig cynta'.

'Ry'ch chi'n ddierth ffor' hyn, on'd ydych chi?' holodd.

'Ydan,' atebais inna'n eithaf swta gan geisio rhoi'r argraff nad oeddwn i'n or-awyddus i gynnal rhagor o ddeialog efo fo.

'O ble felly?'

'Shir G'narfon.'

A dyma fo'n galw ar ei wraig yn syth iddi hithau gael cip ar y ddau spesimen a oedd wedi glanio mor ddisymwth yn eu plith.

'Babs, look luv, these good people have come all the way from North Wêls.'

'Never,' gwaredodd y ddywededig Babs, 'from North Wêls?'

Yn union fel pe baem wedi cyrraedd o gyrion Mongolia Bella'.

'A long, long way . . .' ychwanegodd y brawd wedyn.

'Dim ond ryw daith teirawr o ffordd,' protestiais. 'Dydi hynny fawr ddim y dyddia yma.'

Anwybyddwyd fy nhipyn rhesymeg gyda dirmyg cyn iddo fynd rhagddo i gynnig sylw pellach –

'Siŵr o fod yn ôr iawn lan tua'r North 'cw?'

Wel nawr, doeddwn i ddim am fod yn anghwrtais er bod gen i awydd mawr ateb yn goeglyd nad oedden ni'n pryderu gormod ynghylch yr elfennau gwrthnysig honedig 'lan tua'r North' am ein bod yn byw mewn iglŵ bach clyd a chynnes ym Mhorth-y-gest a bod lapio o gorun hyd sawdl yng nghroen y caribŵ yn gymorth nid bychan i herio'r gwyntoedd croesion. Byddwn yn mynd rhagddof ymhellach wedyn i gydnabod y gallai ambell broblem hwyrach godi weithiau wrth chwilio am fwyd – er y gellid hyd yn oed oresgyn argyfwng o'r math hwnnw'n ogystal, naill ai drwy dyllu i'r rhew i ollwng bachyn i ddal ambell 'sgodyn neu o flasu sgleisan neu ddwy wedi eu halltu o gig yr arth wen a allai roi pleser gastronomig i'w gofio unrhyw adeg, yn seigiau maethlon ac yn gymorth i'n cynnal drwy bob hirlwm. Er mai taw oedd pia hi. Ond ni allai fy ngwraig ymatal.

'Sens o rwla,' ochneidiodd o dan ei gwynt, 'be maen nhw'n 'i feddwl ydan ni, dywad – dau esgimo?'

Er mai sôn am yr hogyn acw yr oeddwn i ond 'mod i wedi dechrau crwydro.

Wedi ennill championship y mae o – pencampwriaeth byd 'nôl be ydan ni'n 'i ddallt. Dyna sydd wedi ei dorri ar y cwpan gafodd o beth bynnag.

A chwpan crand gynddeiriog ydi o hefyd – cwpan aur – wel, o liw aur yn sicr. Nid aur Cymru, aur Dolgellau dyweder neu Ddolaucothi hwyrach, er bod delw 'mêd in Wêls' yn annileadwy arno. Yn hytrach o wneuthuriad cain o garbord, a bod yn fanwl. Nid ei fod ronyn salach oherwydd hynny, cofiwch, canys y mae'r goreuriad arno gyda'r godidocaf a'r disgleiriaf welwyd 'rioed.

Mewn parti Nos Calan yr oedd o 'nôl pob tebyg, gyda'r gwobrau i'r rhai a ddaethai i'r brig yn eu hamrywiol feysydd arbenigol yn ystod y flwyddyn yn cael eu cyflwyno mewn gwesty neu dafarn rywle. Gwyddys y math o beth, rhyw fath ar seremoni BAFTA neu'r OSCAR, ond bod yr un y noson honno yn bwysicach ac ar raddfa anhraethol fwy o bosib.

Roedd nifer o gategorïau wrth reswm. Roedd gwobrau yn cael eu cyflwyno i'r mwyaf golygus, i'r carwr mwyaf rhamantus, i'r sawl oedd yn gwisgo'n gyson drwsiadus, hyd yn oed i'r bleraf 'i wisg a'i wedd yr un modd: i'r penglog mwyaf moel wedyn, i'r mwyaf gwalltlaes a barfog a blewog yntau, i berchen y coesau a'r pen ôl mwyaf siapus, i'r wisg ffansi fwyaf gwreiddiol, heb sôn am y sawl a allai gyflawni campau arwrol fel yfed peint neu ddau o gwrw ar un gwynt, ia, ac am dorri gwynt yn ogystal, ac ati, ac ati ac ati, yn wir am unrhyw fath o weithgaredd dyrchafol o'r calibr yna.

Ond beth am y cwpan 'nillodd nacw, hwnnw sydd bellach wedi etifeddu safle mor anrhydeddus ar ei silff ben tân?

Gwobr dra arbennig oedd honno, un nad oedd mewn unrhyw gategori arall mae'n debyg. Cystal fyddai nodi y darn rhyddiaith hynod gain sy'n ysgrifenedig ar y gwaelod:

I R . . . n am bod yn most typical North Welian
yn y byd.

Mewn gair fe'i henillodd heb drafferth o fath yn y byd am ddim namyn bod yn fo 'i hun!

'Roedd hi'n gystadleuaeth od o ffyrnig debyg?' holais yn llawn edmygedd o'r fath orchest.

'Duw annw'l nag oedd,' atebodd yntau – yn llawn gwyleidd-dra, rwy'n prysuro i ychwanegu – 'Fi oedd yr unig Gog oedd yn yr Angel ar yr achlysur. Dydyn nhw ddim yn 'nabod yr un arall 'sti.'

Wel, fe fyddwn i'n llai na gonest pe dywedwn na fu i hynny danseilio rhyw gymaint ar fy nhipyn balchder. Gweld byd yr Hwntws yn un bychan yr oeddwn i braidd, eu gorwelion yn rhai mor eithriadol gyfyng rywsut. Holi roeddwn i beth oedd eu llinyn mesur tybed. A beth oedd yn gwneud Gog nodweddiadol? Ai ei acen? Tôn ei lais? Ei hyder? Ei ddiffyg hyder? Ei siâp? Ei osgo? Beth? Ac os oedd nacw yn cael ei ystyried yn dypical, yna, neno'r mawradd, beth feddylien nhw tybed o ambell Gofi neu Wa, o ambell bererin o hen wlad Llŷn neu o hen wariar o ogledd Môn, pe baent wedi taro ar un o'r rheini?

Er mai fo 'nillodd. Does dim dwywaith am hynny. Ei lwc o, decini, oedd digwydd bod yn y lle iawn ar yr adeg iawn. Ac y mae'r llawryf, y cwpan carbord aur ar y silff ben tân, yn brawf digamsyniol o'r peth.

O feddwl, dydi hi'n braf gweld ein plant yn gwneud mor dda, deudwch bobol?

Achos llys – helynt y sosej

Medi 1902 oedd hi. Doedd dim ond ychydig ers pan ymadawsai'r hyglod Fictoria â'r fuchedd hon ond yr oedd ei henw annwyl yn dal i berarogli er bod ei mab diffaith, Edward VII, un a oedd ymhlith llawer o bethau eraill yn ferchetwr o gryn fri a gallu, wedi ei holynu. Roedd Arthur Balfour yn brif weinidog a'r Ymerodraeth Brydeinig, nad oedd fachlud fyth i fod arni, yn ei hanterth. Byddai'n agos i ddwy flynedd arall cyn i ddiwygiad Evan Roberts dorri allan.

Y flwyddyn honno hefyd fe ymddangosodd cigydd o Borthmadog, cyfaill agos i Eifion Wyn gyda llaw, o flaen ei well ym Mryste i ateb cyhuddiad o ddrwgweithrediad honedig ysgeler a ddygwyd yn ei erbyn. Cadwaladr Grifffith wrth ei enw, un o golofnau'r gymdeithas yn y dre ac un oedd yn cynnal ei fusnes bwtsiar mewn siop yn 28, Heol yr Wyddfa.

Pa bechod anfad y cyhuddwyd ef o'i gyflawni tybed? Wel, yn ôl pob tebyg, yr oedd ffyrm o Fryste yn ei erlyn yn y gobaith o sicrhau iawndal i'w digolledu am nifer o focsys sosej yr honnwyd eu bod wedi eu hanfon iddo. (Rwy'n ymatal, gyda llaw, rhag arddel yr ymadrodd selsigen neu'r ffurf luosog selsig. Onid sosej yw sosej ar bum cyfandir?)

Dadl y diffynnydd ar y llaw arall oedd fod cynrychiolydd y cwmni o Fryste wedi cytuno yn y lle cyntaf i anfon i Borthmadog ddim ond un bocs yn unig o sosej, fel math o sampl fel petai, ond fod y brawd hwnnw wedi cyfeiliorni a chamddeall yn enbyd ac wedi anfon, yn hytrach, nifer helaeth o focsys i'r cwsmer. Ac yr oedd yntau, Cadwaladr Griffith, wedi gwrthod yn bendant â'u derbyn gan adael y cyfan, mae'n debyg, i bersawru'n dra anhyfryd am rai misoedd yng ngorsaf Reilffordd Ffestiniog yn y Port. I goroni'r cyfan, yr oedd awdurdod y rêl wê wedi codi chwe swllt ar hugain am eu storio.

Wel nawr, ar gyfrif y ffaith nad oedd yn rhy huawdl yn yr iaith fain doedd gan y diffynnydd fawr o awydd ymddangos o flaen y Llys ym Mryste. Eithr ymddangos fu raid.

Ei unig obaith oedd y dôi o hyd i dwrnai rywle yn y Fabilon fawr honno oedd yn hyddysg yn iaith y nefoedd. Cawsai gan gyfaill gyfeiriad rhyw ŵr y gyfraith a allai fod o ryw gymorth iddo. Ond pan gyrhaeddodd Cadwaladr druan yno canfu nad oedd hwnnw chwaith yn deall y Gymraeg. Dim problem o fath yn y byd gyda'r Ffrangeg neu'r Almaeneg, dywedwyd wrtho – *as for Welsh, we know nothing of it here*.

Er hynny, fe dosturiodd y cyfreithiwr wrtho pan gaed cri o'r galon gan yr hen batriarch, 'What is me in face of great place like this . . .?' Eithr gan ychwanegu'n stoïcaidd, 'but never mind, my matter is right.' Ac fe'i cymerodd o dan ei adain.

Ymddangosodd Cadwaladr o flaen ei well wedi ei arfogi â dim ond geiriadur Saesneg / Cymraeg di-glawr a hynod racsiog a fenthyciasai gan ei daid yng Nghwmstradllyn. Doedd o'n nabod yr un enaid byw bedyddiol yno ac eithrio cynrychiolydd y cwmni a oedd wedi dwyn yr achos yn ei erbyn. Eisteddai Ei Anrhydedd Farnwr yn uchel i fyny yn y Llys gyda golwg bur sarrug arno.

Rhoddwyd achos yr achwynydd gerbron i ddechrau a galwyd tystion. Yna safodd y cyhuddedig yn y bocs.

Edrychai'n eithaf didaro wrth iddo edrych o'i gwmpas i gymryd stoc o bethau gan edmygu'r nenfwd addurniedig ac ati. Gwthiwyd Beibl i'w law. Tyngodd yntau lw gan fynd ati orau gallai wedyn i roi ei dystiolaeth yn y Saesneg.

Fe'i croesholwyd yn llym gan yr erlyniad. Gwrthodai yntau ateb yr un cwestiwn heb iddo yn gyntaf gael agor ei eiriadur i chwilio am ystyr ambell air. Rhoddai hynny gyfle iddo yr un pryd i gasglu ei feddyliau at ei gilydd.

Yna, daeth yn dro'r amddiffyniad a chafodd y cyhuddedig ei holi gan ei dwrnai ei hun.

Y Twrnai: *Did you tell the traveller last October that you wanted the boxes before Christmas?*

Cadwaladr: *We don't think of Christmas that early in Wales.*

Barnwr: *When do they think of Christmas in Bristol then?*

Caed chwerthin uchel dros y Llys.

Yr oedd hi'n mynd yn fwy dyrys arno wrth i'r achos fynd rhagddo. Mynnodd droeon dorri allan i ddweud ei ddweud a brebliach rhywbeth yn y Gymraeg, ond câi ei atal am nad oedd neb yn ei ddeall. Trodd y Barnwr ato drachefn:

Barnwr: *Can you write in English?*

Y Diffynnydd: *No.*

Barnwr: *Who writes letters for you?*

Y Diffynnydd: *My children.*

Barnwr: *Can you read English then?*

Y Diffynnydd: *The little words, yer Honour . . . but not the big uns . . .*

Chwerthin uchel unwaith yn rhagor.

Doedd pethau'n mynd i unlle ond pan ddaeth yn amser iddo grynhoi fe gyhoeddodd y Barnwr:

> Ger ein bron ni heddiw y mae achos ffôl ynghylch dim namyn bocs neu focsys o sosej. Mae cynrychiolydd y cwmni yn Sais ac y mae'r diffynnydd yn Gymro uniaith bron a dyna'n sicr y rheswm am y dryswch a'r camddealltwriaethau . . . rwy'n dyfarnu o blaid y diffynnydd ynghyd â'r cyfan o'r costau iddo'r un pryd.

Roedd Cadwaladr ar ben ei ddigon ar ei ffordd yn ôl er ei fod yn ddig odiaeth ynghylch yr orfodaeth a fu arno i gyrchu'r holl ffordd i Fryste i ateb achos mor bitw. Ac fe dyngodd lw yn y fan a'r lle na welid ef, tra byddai ynddo chwyth na chwimiad, byth wedyn yn archebu sosej o unrhyw faint neu o unrhyw siâp neu o unrhyw drwch, boed y rheini o borc neu o fîff, oni welai fwg simnai y gwerthwr hwnnw o ffenestr ei siop ei hun.

A phwy, tybed, oedd y dywededig Gadwaladr Griffith a fodiai eiriadur hen fachgen ei daid o Gwmystradllyn mor ddeheuig mewn achos Llys ymhell o fro ei gynefin?

Mae hynny'n fater y bwriedir ei ddatgelu yn y bennod nesa'.

Llythyrau Peredur Wyn at Arthur Meirion

Cloch y ffôn yn canu acw un bore. Mrs Ifanwy Williams, cyn-bennaeth Adran y Gwasanaethau Cymdeithasol dros Fro Dwyfor, un o golofnau'r gymdeithas ym Mhorthmadog, hyrwyddwraig llu o fudiadau gwirfoddol ac wyres i'r cigydd honedig bechadurus hwnnw o'r Port, oedd ar y pen arall. 'Hoffech chi ddod draw am goffi rhyw ddiwrnod? Mae gen i rywbeth i'w ddangos i chi,' a dyna drefnu yn y fan a'r lle.

Roedd hi'n amlwg fod y wreigdda'n gwybod am fy ngwendid fel casglwr oblegid wedi i ni fynd yno a threulio egwyl yn rhoi'r byd yn ei le estynnodd ffeil i mi. 'Sgwn i fasa gennych chi ddiddordeb yn y rhain?' holodd. 'Cyfres o lythyrau wedi eu hysgrifennu gan Eifion Wyn oddeutu dechrau'r ganrif ddwytha' ylwch . . .'

Ond cystal, i ddechrau cychwyn, fyddai egluro peth o'r cefndir. Fel y crybwyllwyd eisoes mewn ysgrif flaenorol, roedd Eifion Wyn a Cadwaladr Griffith, yr hen fwtsiar, yn gyfeillion agos. Mynych, fin nos, fe gyrchai'r bardd ato i 28, Heol yr Wyddfa, am sgwrs. Yn wir, yr oedd un o'r cadeiriau yr arferai eistedd arni yn ystod yr ymweliadau aml hynny wedi ei bedyddio gan y teulu fel 'Cadair Eifion'.

Roedd un o ferched Cadwaladr, Margaret Griffith, sef mam Ifanwy, wedi priodi ac wedi symud gyda'i gŵr i fyw

i Benbedw ar lannau Merswy. Bu iddynt naw o blant, Arthur Meirion yr hynaf, Ifanwy yr ieuengaf, a bu'r bardd yn gohebu â'r teulu yno am nifer o flynyddoedd.

Ym mis Gorffennaf 1906 yr oedd Eifion Wyn wedi cyhoeddi *Telynegion Maes a Môr*, cyfrol a gafodd dderbyniad brwd a gwresog ymhob cwr o'r wlad.

Roedd wedi bod yn canlyn 'Men' (Annie Jones, gynt o Aber-erch) ers peth amser, mae'n wir, er mai rhyw fath o garu o hirbell ydoedd hwnnw hefyd gan ei bod hi'n gweini ym Manceinion. Caru drwy lythyru fu eu tynged am nad oeddynt yn cael cyfarfod ond yn anaml. Ond cyn hir daeth yn amser meddwl am briodi. (Trywydd na fwriedir ei ddilyn yma yw fod 'Men' arall cyn hynny wedi bod yn wrthrych serch Eifion Wyn. Gweler erthygl Dewi Williams, *Y Casglwr*, Rhif 44, Awst 1991.)

Y broblem fwyaf oedd casglu digon o gelc i'w galluogi i glosio at yr allor. Gwnaed peth elw, mae'n wir, o werthiant y gyfrol er nad oedd hynny'n ddigon chwaith i chwyddo'r cynilion o fewn cyrraedd agos i'r nod a roesai Eifion ar gyfer yr achlysur.

Erbyn mis Mehefin 1907 nid oedd ond ychydig gopïau o'r gyfrol yn aros heb eu gwerthu allan o argraffiad o dair mil, ac er mwyn sicrhau ychydig rhagor o arian tuag at sefydlu cartref newydd, cafodd ei hawdur y syniad o gynnig gwerthu'r hawlfraint i'r cyhoeddwyr yng Nghaernarfon. Ond fe'i gwrthodwyd, a bu raid iddo roi'r cynnig i gyhoeddwyr eraill. Yr unig un i ymateb ac a wnaeth gynnig pendant oedd yr Educational Publishing Company, Caerdydd. Ac fe werthodd yntau'r hawlfraint iddynt ym mis Hydref am y swm anrhydeddus o ugain punt yn unig!

Yna, ar 6 Tachwedd, yng Nghapel Helyg ym mherfeddion Eifionydd, priodwyd y ddau. Bwriasant eu swildod ym Metws-y-coed a daethant i fyw i 28, Heol Newydd, Porthmadog. Ymhen y flwyddyn – ar ddiwrnod cadeirio J. J. Williams, yn Eisteddfod Genedlaethol Llangollen gyda llaw – ganed Peredur Wyn, eu hunig blentyn. Ac yntau erbyn hynny'n ddeugain oed yr oedd y bardd ar ben ei ddigon ac wedi gwirioni.

Fel yr oedd pethau'n digwydd bod, yr oedd Peredur Wyn ac Arthur Meirion, brawd hynaf Ifanwy, bron yr un oed. Ychydig wythnosau oedd rhyngddynt ac yn y pedwar llythyr sydd wedi goroesi, y mae Eifion Wyn yn cymryd arno ysgrifennu yn enw ei fab newyddanedig at ei ffrind bychan, nad oedd yntau ond ychydig fisoedd oed, ym Mhenbedw.

Prin y gellir haeru fod y llythyrau yn bwrw unrhyw

fath o oleuni newydd ar waith y bardd o Borthmadog. Eto i gyd, o gofio ei fod yn ei ddydd yn cael ei ystyried yn greadur sych-syber, encilgar, anghymdeithasol a fynnai gadw ei gydfforddolion hyd braich, y maent o leiaf yn tanlinellu'r elfen chwareus a'r hiwmor oedd yn rhan annisgwyl hwyrach o'i gymeriad.

Dyddiedig 2 Hydref 1908 yw'r llythyr cyntaf. Gellir casglu iddi fod yn derfyn haf poeth y flwyddyn honno – hen dywydd diflas i fabanod ychydig fisoedd oed yn eu clytiau.

> F'anwyl Arthur Meirion,
>
> Unwaith y gwelsom ein gilydd ond pery'r cariad rhyngom am oes, 'rwy'n disgwyl.
>
> Diolch i ti am y deth fach dlos a anfonaist i mi ddoe. Mae'n dlysach na'r un a welais erioed ond un Mam. Rwy'n edrych ymlaen am lawer o fwynhad wrth ei sipian.
>
> Cei dithau anrheg fach oddiwrthyf finnau cyn bo hir iawn – llyfr efallai fydd – yr ail argraffiad (dyna i ti glamp o air Cymraeg) o delynegion fy nhad . . .
>
> Beth yw dy brofiad di Arthur am yr hin desog yma?
>
> Cefais i ddiwrnod dippyn yn lluddedig ddoe, a bûm am oriau heb gysgu neithiwr. Hei lwc yr aiff y don wres yma heibio yn fuan.
>
> Mae arnaf eisiau cyntun yrŵan, felly rhaid i mi dewi drwy gofio'n gynnes iawn atat.
>
> Yr eiddot yn Gymroaidd,
> Peredur Wyn

Yn y llythyr nesaf mae Eifion Wyn ar dro fel pe bai'n anghofio mai llythyru yn ysbryd plentyn bychan y mae, ac yn taro'r post er mwyn i rieni'r derbynnydd glywed a dwys ystyried. Mae'n mynegi pryder rhag i'w ffrind, ac yntau'n byw yn Lloegr, droi yn Sais.

28, Heol Newydd,
Porthmadog.
Ion. xiii 1909

F'anwyl Arthur,

Bu agos i mi ddweyd Arthur bach, ond yr wyt wedi mynd yn fwy na therfynau'r ansoddair hwnnw eisoes.

Clywais fy nhad yn sôn am ryw hen frenin o'r enw Arthur Fawr. A wyt yn ddisgynydd ohono, dywed? Bid a fo am hynny (chwedl y llenorion), y mae pob arwydd y bydd i ti dyfu'n fawr; ac mi garwn i ti dyfu'n frenin yn dy gylch.

Rwy'n falch iawn o dy lun, rhydd syniad da i mi am neilltuolion dy bryd a'th wedd . . . cadwaf ef yn ofalus.

Mi wn dy fod wedi 'torri' llawer peth ar dy yrfa, ond a wyt wedi torri dant eto? Dyma, mae'n ymddangos i mi bwnc y dydd ym myd babanod o hanner blwydd ac uchod. Nacaol yw f'ateb i i'r gofyniad hyd yn hyn, ond mae Mam yn rhyw led ofni fy mod yn neshau at y dyddiau blin, a'r nos weithian 'na bydd i mi ddim diddanwch ynddynt'.

Bu dy Nain a'th fodryb Lowri yma yn edrych amdanaf ryw noson. Yr oeddynt yn fy ngweld wedi newid llawer . . . hawdd oedd deall oddiwrth eu hysgwrs eu bod yn meddwl y byd o'u Harthur.

A ddoi di am y cyntaf i 'dorri gair' os nad wyt wedi cael y blaen arnaf yn barod? Cofia di mai gair Cymraeg glân gloyw ydyw i fod. Rwy'n disgwyl y mynni di dyfu i fyny yn Gymro, er dy fod yn byw ym Mhenbedw. Os na wnei, bedw a gei. Cofied dy Fam bennill tlws Ceiriog –

Arthur bach tyrd yma
Ac ar fy neulin dysga
Iaith dy Fam yn gyntaf un
Ac wedyn iaith Victoria . . .

Cofion cynhesaf atat ac at dy Dad a'th Fam.

Yn bur fyth,
Peredur Wyn

Mae'r trydydd epistol yn llongyfarch Arthur Meirion ar gyrraedd ei flwydd oed:

28, New Street
Porthg.
Mehefin 2fed '09

Anwyl Arthur Meirion,

Yr wyf yn anfon gair i'th longyfarch ar dy ben blwydd cyntaf. Y mae llawer o sôn am y digwyddiad yn y dref hon . . .

Wel, Arthur buaswn yn caru bod yna yfory er mwyn cael tipyn o dy brofiad ar ôl dod drwy flinderau deuddeng mis. Efallai y cawswn wledd fach hefyd yn dy gysgod . . .

Dwn i ddim faint o'r 'hen iaith' wyt ti wedi ddysgu erbyn hyn. Rhyw ddau neu dri o'r prif eiriau cyfarch dyna'r cwbl ydwy'i wedi feistrioli eto – just ddigon i blesio 'Nhad a Mam wyddost. Ond yr wyf yn llawer mwy medrus ar ysgwyd fy mhen ac arfer fy nhraed a nwylo, na phan welaist fi.

Medraf hefyd grychu fy nhrwyn a gwneud rhyw fân ystumiau felly. Y mae gennyf hefyd dri dant a byddaf yn cael pleser mawr wrth eu rhygnu yn eu gilydd neu eu cau am fysedd pobol eraill.

Brysia fagu rhai Arthur – cei weld eu bod yn bethau defnyddiol iawn mewn byd lle mae cymaint o eisio cnoi . . .

Y mae fy mhapyr yn mynd yn brin, felly rhaid i mi dorri fy stori'n fyr . . .

Pa bryd y cawn dy weld nesaf . . . ?
Dy gyfaill ifanc ffyddlon,
Peredur Wyn

Anfonwyd y llythyr olaf ar 8 Medi 1909. Roedd Peredur Wyn yntau erbyn hynny wedi cyrraedd ei flwydd oed ac yn anfon i ddiolch i Arthur Meirion am yr anrheg a gawsai ganddo. Roedd y llythyrau blaenorol yn llawysgrifen y bardd ond wedi ei deipio y mae hwn.

Fanwyl Arthur Meirion

Cyrhaeddodd dy anrheg yn gyfa ac mewn 'working order'. Can diolch i ti am fy nghadw mewn cof ar fy mhen blwydd cynta' . . . Caf lawer o bleser wrth edrych ar yr olwyn fawr yn troi mor araf. Ac yr wyf mewn cariad dros 'y mhen â'r mwnci bach sy'n ei gwman wrth ei hochr.

Chydig iawn o orffwys y mae o wedi gael er pan y mae o yma. Dydio ddim yn perthyn dafn o waed i'r 'unemployed'. Bydd wrthi o fore hyd nos a'i gloch bach yn tincian – mae 'Nhad yn dweyd ei fod yn batrwm i ni gyd mewn diwydrwydd. Gwell mwnci diwyd medda fo na dyn diog.

Wel, Arthur, dyma ni ein dau dros flwydd oed. Onid ydi'n anodd credu? Buan y down i deimlo ein bod yn mynd ymlaen mewn dyddie. Hyd yn oed ym mywyd plentyn blwydd y mae rhyw bethau a fu 'every young life has its old times'. Wyt ti'n cofio Arthur –

Wyt ti'n cofio'r botel sugno
A'r hen glwt a wisgem gynt?
Wyt ti'n cofio'r cryd i'n siglo
A'r hen golsyn torri gwynt?

Un codwm o bwys a ges i yn ystod y flwyddyn – o'r gwely i'r llofft . . . clywais dy fod di wedi cael amryw byd ond dy fod yn dal wrth dy gilydd ar waetha'r cwbl . . .

Prin yr ydwy i wedi cael fy nhraed danaf eto. Byddaf yn cropian i fyny'r grisiau bob dydd a fyddwn i fawr o dro yn cerdded hefyd pe cawn i fy ffordd. Ond pob peth yn ei amser, medda Mam . . .

Gwn amryw eiriau ac enwau bellach . . . medraf siarad yn rhigl yn fy null fy hun . . . mi wn y byddi ditha yn traddodi aml i araeth felly – math o 'speech without words'.

Dyma fi'n awr yn tewi . . . brysia i'r hen wlad; y mae'r Prins of Wêls yn sôn am ddod; da thi tyrd o'i flaen.

Yn bur fyth,
Peredur Wyn

Does wybod a fu i'r ohebiaeth barhau yn yr un cywair ai peidio ond gwyddom fod y bardd wedi cadw mewn cysylltiad â'r teulu o Benbedw. Byddai, o bosib, yn taro arnynt pan ddôi rhai ohonynt ar eu hald i'r Port yn ystod y gwyliau. A phan gynhaliwyd yr Eisteddfod Genedlaethol ym Mhenbedw yn 1917, Margaret Griffith (Roberts bryd hynny wrth reswm) oedd y gyntaf i gynnig llety i Eifion Wyn ar eu haelwyd, Rutherglen, pe dôi i'r brifwyl. Gwaetha'r modd, fodd bynnag, yr oedd y dwymyn goch neu ryw anhwylder o'r fath ar gerdded drwy Eifionydd bryd hynny a Pheredur Wyn, pathaw oddeutu nawmlwydd y flwyddyn honno, yn un o'r dioddefwyr. O'r herwydd fe gollodd y bardd y cyfle o fynychu Eisteddfod y Gadair Ddu.

Ac y mae'n debyg na fu llawer o gysylltiad rhwng y ddau hogyn hynny wedi iddynt dyfu chwaith ac unwaith y bu iddynt roi heibio eu pethau bachgennaidd fel petai. Fel y gwyddys, cafodd Peredur Wyn yrfa lwyddiannus yn y Banc ac, ar ôl ymddeol, fe luniodd gofiant i'w dad a gyhoeddwyd gan Wasg Gomer yn 1980. Pensaer yn Llundain fu Arthur Meirion ac y mae'n ddiamau y byddai Eifion Wyn wedi bod yn eithriadol falch pe gwyddai iddo gadw'i Gymraeg er iddo gael ei eni a'i fagu ym Mhenbedw, gan dderbyn addysg drwyadl Seisnig yno, ac iddo wedyn dreulio gweddill ei oes yn Lloegr lle bu farw rai blynyddoedd yn ôl bellach.

Beth bynnag am hynny, y mae arnom gryn ddyled heddiw i wyres y cymeriad lliwgar o gigydd o'r Port fod yr ohebiaeth eitha' difyr honno wedi goroesi ac ar gadw o hyd.

O wehelyth cigydd arall

Pan oeddwn i'n llafn ar ei brifiant ac yn fyfyriwr yn y coleg 'stalwm, ond yn dod adre i fwrw ambell benwythnos, y sgram orau gawn i i ginio'r Sul fyddai platiad o gig oen Cymreig yn socian mewn braster. Roedd hwnnw – fel y tybiem ni yn y dyddiau dibryder hynny – yn stwff gyda'r mwyaf maethlon, hyd yn oed os oedd yn llifeiriol o golestrol. Nid bod y fath air wedi ei fathu ar y pryd chwaith. A hyd yn oed os ydoedd, nid oedd yn rhan o'n geirfa ni beth bynnag. Bonws ychwanegol wedyn oedd bod jochiad neu ddau o saws mintys yn nofio ar wyneb y grefi yn rhoi rhyw sawr arbennig i'r cyfan.

Eithr nid fy mwriad yn hyn o druth yw traethu sut yr ymgodymwyd â gorchwyl mor anodd â diwallu archwaeth gargantuaidd – anniwall yn amlach na pheidio – llanc o stiwdant y dwthwn hwnnw, eithr yn hytrach sôn am y cigydd rhadlon a fyddai'n cyflenwi'r cyfryw seigiau i arlwyo ein bord.

Elwyn Roddick o Rydwyn, dyna ei enw. Un o gigyddion gorau Ynys Môn ac un a ddisgleiriai yn ei ddydd mewn maes ple roedd y gystadleuaeth yn un hynod ffyrnig. Ymhlith ei liaws rinweddau fel bwtsiar mewn cyfnod pan nad oedd y gair 'rhewgell' chwaith yn rhan o eirfa mwyafrif aelwydydd, oedd ei barodrwydd i gyrchu'n selog yn ei fan fechan bob bore Sadwrn o gwmpas yr ardaloedd gwledig i ddosbarthu ei gynnyrch. Boed yn ddarn o borc, ffiled, syrlwyn neu balfais eidion, a choes neu ysgwydd oen, roedd y cyfan o'r safon uchaf.

Ac fe ddaliodd ati am flynyddoedd wedi i mi ymadael â'r hen ardal cyn iddo ymddeol yn y diwedd i Borth Llechog, lle gallai o hynny ymlaen ymhél â'i brif hobi o 'erlid y bêl wen o'r tî i'r grin', i olffio faint fyd fynnai ei galon a chlywais innau fawr o sôn amdano wedyn.

Dim tan oddeutu canol Mehefin 2003 a ninnau acw wedi bod yn ddigon ffodus i gael gafael ar ddau docyn i'r Cwrt Canol yn Wimbyldyn ar gyfer rowndiau cyn-derfynol pencampwriaeth tennis y dynion. Ei glywed yn cael ei gyf-weld ar un o raglenni bore Radio Cymru. Bron na allwn i gredu ei stori, ond mwy am hynny yn y man.

Mae'n wir mai'r bytholwyrdd fethiant disglair Tim Henman oedd eilun mawr y tyrfaoedd yn ystod pythefnos Wimbyldyn o flwyddyn i flwyddyn. Fe'u clywid hyd syrffed yn udo'n lafoeriog ynghylch yr hyn y gallai eu harwr ei gyflawni, er nad oedd byth yn cyrraedd yr uchel nod hwnnw chwaith. Yn wir, y ffaith drist amdani, a waeth cyfadde hynny ynghynt nag yn hwyrach, yw nad enillodd yr un Sais bencampwriaeth senglau'r dynion ers canol tridegau'r ganrif ddiwethaf ac oes aur Fred Perry, o dragwyddol, beraroglus goffadwriaeth. Ac, yn ôl ei arfer, llyfu'r llwch fu raid i Henman druan yn 2003 fel erioed. A'i gwymp a fu fawr. A Greg Rusedski yntau ynghyd â Carlos Moya a Leyton Hewitt ac Andre Agassi a'u siort yr un modd. Erbyn y Sadwrn olaf dim ond pedwar oedd ar ôl. Roedd yr Awstraliad Mark Philipoussis i wrth-wynebu'r Ffrancwr Grosjean, a Roger Federer i ymgiprys â'r pedwerydd detholyn, Andy Roddick o Omaha, yr Unol Daleithiau. Yr ugeinmlwydd hwnnw, yn ôl pob sôn ar y pryd, oedd etifedd naturiol yr hyglod Pete Sampras, ac yr oedd darogan dyfodol arbennig ar ei gyfer. Onid ef a ddaliai'r record am daro'r bêl gyflymaf a ffyrnicaf, sef oddeutu can milltir a hanner anhygoel yr awr? A dim ond rhyw wythnos dda ynghynt roedd wedi cipio pencampwriaeth Stella Artois yng Nghlwb Queen's.

Ond beth oedd a wnelo hyn oll â'r cyn-fwtsiar rhadlon a alwai heibio i'm cartre i yn Garreg-lefn flynyddoedd yn ôl? Mab i Elwyn Roddick, yn ôl pob sôn, oedd wedi cymryd yn ei ben i olrhain achau ei deulu ac wedi canfod bod un, onid rhagor o dylwyth y Rodiciaid, rywbryd neu'i gilydd wedi ymfudo i wlad D'ewyrth Sam a bod perthynas waed rhwng y teulu ym Môn â'r chwaraewr tenis o Omaha; ac nid yn annisgwyl, chwarae teg, yn y cyfweliad hwnnw ar Radio Cymru roedd Elwyn Roddick yn fwy na pharod i arddel y berthynas honno.

Oddeutu'r un adeg, ac eto heb fod yn annisgwyl, roedd lluniau aml o'r pedwerydd detholyn yn ymddangos yn feunyddiol yn y wasg ac, ar fy ngwir, câi ambell un ohonom ei daro gan y tebygrwydd teuluol trawiadol oedd rhyngddo a'i ewythr (neu gyfyrdar, beth bynnag oedd yr union berthynas rhyngddynt) yr ochr arall i'r Iwerydd ar Ynys Môn. Allen nhw ddim gwadu ei gilydd hyd yn oed pe dymunent wneud hynny.

Fe ychwanegai'r wybodaeth am y cysylltiad hwnnw yn sylweddol at ein diddordeb ninnau ein dau wrth i ni deithio ar drên pechadurus o fore o Fangor er cyrraedd mewn da bryd ym mro ddeiliog SW19 i weld gornestau rowndiau cyn-derfynol pencampwriaeth y dynion am 2003. Ac fe fu'r profiad, does dim dwywaith amdani, yn un gwerth yr holl gost a'r strach.

Ond, er dirfawr siom inni, rwy'n ofni mai colli fu hanes Andy Roddick yn erbyn Roger Federer yn y Cwrt Canol y prynhawn Sadwrn hwnnw, a hynny o dair set. Yn weddus a phropor anfonasom ninnau gerdyn post i'w deulu ym Môn i gydymdeimlo â hwy yn eu trallod! Nid, proffwydem, na ddaw ei dro rywbryd eto. Onid o fewn deufis wedyn yr oedd wedi cipio ei *Grand Slam* gyntaf sef pencampwriaeth agored America yn Flushing Meadow? Roedd pethau'n argoeli'n dda felly. Ai ef, dyfalem, a fyddai pencampwr Wimbyldyn tybed yn 2004? Pe digwyddai hynny, a doedd dim byd yn sicrach, fe fyddai mawr orfoledd ar un aelwyd ym Mhorth Llechog, Amlwch ar Ynys Môn. A pha ryfedd? Onid yw'n sefyll i reswm fod pawb ohonom yn ymfalchïo yng nghampau unrhyw aelod o'i deulu, hyd yn oed – fel roedd hi'n bod yn eu hachos hwy – pe digwyddai i'r ambell aelod hwnnw fod yn un nas gwelwyd mohono yn y cnawd ac na thorrwyd chwaith yr un gair ag ef gymaint ag unwaith erioed?

Aeth pum mlynedd hir heibio ers hynny a dal i guro'r drws y mae Andy Roddick druan o hyd rwy'n ofni. Yn y cyfamser mae'n wir fe gyrhaeddodd y rownd derfynol ddwywaith yn Wimbyldyn eithr gan foddi yn ymyl y lan bob tro. Bu Roger Federer yn ormod o faen tramgwydd iddo. Erbyn hyn hefyd fe ymddangosodd seren newydd ddisglair arall yn y ffurfafen uwchlaw Roland Garros a SW19, un yn dwyn yr enw Rafael Nadal, sy'n rheswm arall dros gredu mai dechrau pylu bellach y mae eiddo'r gŵr ifanc o Omaha, yr un a oedd yn amlygu'r fath addewid yn 2003; er ei bod hi braidd yn fuan iddo roi'r ffidil yn llwyr yn y to hefyd. Amser a ddengys. Mae pethau rhyfeddach wedi digwydd.

Eiddo gyda golygfa

Ym mhorthladd Roscoff yn Llydaw yr oeddem ni, ar fin troi tua thre 'rôl treulio wythnos hirfelyn ar derfyn haf yng nghwmni ein cefndryd Celtaidd. Cyflwyno'n trwydd-edau teithio, y dogfennau priodol, y pasbort ac ati i ryw swyddog yn y fan honno cyn cael ein gollwng i yrru'r cerbyd i grombil y llong fferi newydd sbon danlli grai, y *Pont Aven*, a oedd i'n cludo mewn cwta bum awr i Blymouth.

Wedi i'r swyddog sicrhau fod popeth mewn trefn ac nad oedd yr un ohonom o wehelyth Al-Qaeda dychwelodd y dogfennau inni ynghyd â chopi rhad ac am ddim – rhywbeth i'w ddarllen ar y daith chwedl yntau – o gylchgrawn na welswn ac na chlywswn amdano erioed o'r blaen, un yn dwyn y teitl *The Week*.

Un digon difyr oedd o hefyd a thra amrywiol ei gynnwys ond ei fod yn canolbwyntio'n benodol ar y sylwadau a wnaed yn y wasg fyd-eang a'r cyfryngau torfol eraill ar y digwyddiadau a fu'n llenwi'r penawdau yr wythnos flaenorol; ambell erthygl goffa wedyn ynghyd ag arolwg ar y celfyddydau ac adolygiadau ar lyfrau, dramâu, ffilmiau ac operáu. Yr un pryd rhoddid gofod i golofn lythyrau, i groesair neu ddau yn ogystal ag i golofnau yn trafod chwaraeon a phroblemau meddygol. Rhyw gybolfa ddiddorol fel yna i gadw dyn i bori'n ddiddig ynddo i fyrhau'r siwrnai, heb anghofio chwaith y llu hysbysebion.

Ac un o'r rheini a dynnodd fy sylw penna' fi: dwy dudalen liwgar dan bennawd bras – 'Best Properties on the Market' yn canolbwyntio'n benodol ar 'those with spectacular views'. Beth, fel enghraifft, am yr hen Reithordy hwnnw yn Barton-le-clay, Swydd Bedford, yn cynnwys wyth ystafell wely a dwy ystafell ymolchi a oedd yn cael ei gynnig yn rhad fel baw am union un filiwn o bunnoedd. Neu hen dŷ ffarm o gyfnod y Tuduriaid yn Bowlhead Green, Godalming yn Surrey ddeiliog – rhatach os peth, dim ond £950,000. Neu fwthyn to gwellt del digon o ryfeddod, y ciwtiaf erioed, yn Petham nid nepell o Gaergaint, bargen rhwng dau frawd am £382,000.

Roedd dewis o naw i gyd ond daeth sylwi ar un yn arbennig â mi'n syth o'r dieithr a'r pell a'r estronol yn ôl at yr agos a'r cyfarwydd a chan beri bod lwmp yn dod i'm gwddf yr un pryd. Ar fy ngwir, beth welwn i'n rhythu arna' i mewn print bras na ellid ei fethu ond manylion am 'Glandon, Church Bay, Anglesey – a private seaside residence with panoramic views of the Irish Sea'.

Wel nawr, petawn i hwyrach wedi sylwi ar rywbeth tebyg yng ngholofnau Morgan Evans, dyweder, neu Williams a Goodwin yn yr *Herald Cymraeg* pan oedd o, neu'r *Holyhead Mail*, fyddwn i ddim wedi troi blewyn, ddim wedi cynhyrfu'r un ffuan. Onid oedd Cymru gyfan bron ar y farchnad yn amlach na pheidio yn y rheini? Ond â minnau'n digwydd bod mewn parthau tramor rhoddodd fy ngalon lam.

Glandon, Porth Swtan o bob man, cartre'r diweddar Tomos John Williams a'i briod hawddgar yn y dyddiau a fu. Dyna'r ddau a fu'n cadw'r Wavecrest, o barchus goffawdwriaeth, y bwyty bach digon diolwg hwnnw ar un wedd efallai, lai na thafliad carreg i ffwrdd, ond nad oedd ei debyg yn holl wledydd cred am sgram dda ar nos Sadwrn.

Coffa da fel yr heidiai llu o hogia hen bentref bach Carreg-lefn, Ted Pen Chwarel, Harri a Morus Cro', Now a Harri Pen Graig, Bert Cae Coch a'u siort yn selog i Borth Swtan ar brynhawniau Sul anghyfrif yn ystod tymhorau'r haf i ymdrochi ac i ymlacio eithr gan ennyn gwg y saint, mae'n ddiamau, am esgeuluso moddion gras; a'i gorffen hi ar eu cythlwng wedyn, fel pe baent newydd ddod o warchae hir, wrth fyrddau'r Wavecrest i sglaffio a storgadjio'n rheibus ddwsinau o'r cacennau bach hyfryd hynny a baratoesai Mrs Williams ar gyfer ei gwesteion.

Cofiwn hefyd mai i'r Wavecrest y cyrchasom ninnau oll fel teulu, yn frodyr ac yn chwiorydd, yn wyrion ac yn wyresau, i ddathlu priodas aur Mam a 'Nhad yn 1967, a chael yno wedi ei harlwyo ger ein bron, wledd o basgedigion breision. Mae'n wir i'r hen adeilad hwnnw gael gweddnewidiad llwyr yn ddiweddar a bod tipyn gwell graen arno bellach ond yn sicr, ymhob ystyr arall, 'dyw'r Wavecrest newydd, fel llu o bethau eraill ysywaeth yn hyn o fyd, ddim fel y buo fo amser maith yn ôl. Y gogoniant, rwy'n ofni, a ddarfu. Am hynny y dyweda innau 'Ichabod'.

Mae'n wir hefyd i Mrs Williams fyw i oedran teg am rai blynyddoedd wedi iddi golli ei chymar. Rhown gnoc ar ddrws Glandon pan fyddwn i ambell waith ar fy hald yn yr ardal a chael ei chroeso'n ddihareb yn ôl yr arfer – 'O ble daethoch chi? Wel dowch i mewn bendith y tad i chi . . . gymrwch chi banad?' Roedd hithau bellach wedi'n gadael.

A rhyw hel hen feddyliau fel yna y bûm i ar y daith yn ôl o Roscoff i Blymouth tra'n gresynu'r un pryd na fyddwn i'n ŵr cefnog. Pe bawn i, fe fyddwn i'n syth ar ôl glanio wedi rhoi galwad ffôn i gwmni Jackson-Stops and

Staff, yr arwerthwyr, i roi cynnig am Glandon, 'the house with the spectacular views', chwedl yr hysbyseb honno yn *The Week*, y cylchgrawn a ddosbarthwyd mor rhad i ni deithwyr Brittany Ferries yn y porthladd hwnnw yn Llydaw.

Petawn i yn ŵr cefnog ddywedais i, cofier. Eithr y gwir yw fod digon o'r brîd hwnnw ar gael a'r tebyg, penderfynais, oedd ei fod wedi cyfnewid dwylo'n barod ac mai acenion go estronol o hyn ymlaen a glywir rhwng ei furiau. Un arall o'r hen gartrefi wedi mynd ffordd yr holl ddaear.

Er na wn i ddim pam fod raid i ddyn bryderu'n ormodol chwaith. Wedi'r cwbl onid oeddwn i eisoes yn berchen ar ran, beth bynnag, o Borth Swtan a rhaid oedd ymatal rhag bod yn rhy farus. Byddaf yn edrych bob dydd i'w gyfeiriad ar un o furiau'r llofftydd gartre, sef tirlun mewn olew o waith y ddiweddar Margaret Jaggar, yr olygfa, o sefyll ar y maes parcio yno, a welir dros y Cawell Cimwch (sef bwyty'r Lobster Pot) ac sy'n ymestyn wedyn draw tuag at y clogwyni a'r môr. Mae'n ddarn hyfryd o gelfyddyd. Fe'i prynwyd mewn ffair hen bethau yng Nghricieth rai blynyddoedd yn ôl ar stondin gwerthwr tra anwybodus a daerai'n huawdl ei fod yn cael gwared â'r hyn a ystyriai ef yn 'grand view of Church Bay in Cornwall'. O bob man! Ac ar ôl bargeinio hir a chaled fe'i prynwyd am ddeg punt ar hugain. Sôn am fargen rhwng dau frawd – a chryn dipyn rhatach ar ben hynny na'r hyn a gâi ei gynnig yn yr un ardal gan Jackson-Stops and Staff, yn y cylchgrawn lled-sgleiniog hwnnw y bûm yn pori ynddo er byrhau ein siwrnai ar fwrdd y *Pont Aven* ar ein ffordd adre o Lydaw y terfyn haf hwnnw.

Diwrnod y llanw mawr

Waeth cyfadde ddim, mae'n gryn wendid ynof. Alla i ddim maddau i'r un oriel gelf, lle bynnag y bo, heb gael troi i mewn iddi. Erbyn hyn, wrth reswm, fe gawn ein difetha'n llwyr gan y dewis eang sydd ar gael yng Nghymru, boed Oriel Môn yn Llangefni, Tegfryn ym Mhorthaethwy, Glyn y Weddw yn Llanbedrog, Mostyn yn Llandudno, yr Atig yn Abertawe, yr Albany yng Nghaerdydd, i enwi dim ond dyrnaid. Weithiau, os bydd y boced yn caniatáu fe gredwn hwyrach i brynu ambell eitem – dim ond iddi fod yn fargen. Y drwg bellach ydi prinder gofod ar y muriau acw i'w harddangos.

Yn Llydaw yr oeddem ni'r tro hwnnw, wedi cyrchu i Bont Aven yn ne Ffinistêr, sy'n Feca bob amser i rywrai sy'n dioddef o'r un afiechyd â ni. Mae'n wir nad oedd Paul Gauguin a'i griw a sefydlodd yr ysgol enwog honno o arlunwyr oddeutu 1888 yno mwyach ond roedd hi'n bur amlwg bod eu disgynyddion yn fyw iawn yn y tir, oblegid mae dwsinau ar ddwsinau o fân orielau hyd y fan yno ym mhobman, gydag artistiaid bron iawn yn bla, yn sathru ei gilydd yn eu hymryson i werthu eu cynnyrch – bob yn ail ddrws mewn ambell stryd gyda'r amrywiaeth ryfedda' o ddeunydd i foddhau unrhyw chwaeth.

Buom yno rai troeon erbyn hyn ond y tro cynta' hwnnw digwyddai fod oddeutu hanner awr wedi hanner dydd arnom yn cyrraedd, ond er hynny, fe lwyddwyd i gael llecyn digon cyfleus ar y sgwâr i stablu'r cerbyd. Tref fechan yw hi, un nad yw ei phoblogaeth fawr mwy na thair mil o bennau i gyd. A dyna groesi'r ffordd yn syth ac i mewn â ni yn dalog drwy'r drws agored i'r oriel gyntaf. Nid bod y croeso a gawsom yn un od o dywysogaidd chwaith canys fe'n gwthiwyd allan yn bur ddiseremoni gan y wraig ffyslyd a ofalai am y lle. Wedi'r cwbl yr oedd ganddi hi ei blaenoriaethau. Erbyn deall roedd hi'n amser cau. Dyna'r arfer. Cau am ginio a'r siesta i ddilyn ond rhoddwyd ar ddeall inni y byddai can croeso pe dychwelem am chwarter i dri – eithr dim un funud cynt. Byddai'n fwy na balch o'n gweld bryd hynny a chaem aros faint fyd fynnai'n calonnau wedyn.

Cau o un i un am o leiaf y ddwyawr nesaf wnaeth pob un o'r lleill yn ogystal – un o ddeddfau'r Mediaid a'r Persiaid nad oedd llygru na phlygu i fod arni. Er nad drwg i gyd mo hynny rywsut. Fe gaem hamdden i fwrw golwg dros y dre i weld beth arall oedd ganddi i'w gynnig ar gyfnod tawelach o bosib o'r dydd.

Cerdded dow dow dros y mân bontydd i gyrraedd pwynt ple mae Aven, wedi iddi ar dro lifo'n gynddeiriog rhwng a thros rhai meini anferth, yn tawelu rhyw gymaint ac yna'n lledu cyn agor allan i'w haber. Cerdded fwy neu lai yr un llwybr ag a ddilynodd Gauguin ei hun ar ei ymweliad cyntaf yno yn 1886 gan nodi'r fan lle gwelsai y gwragedd hynny yn prysur olchi dillad yn yr afon, golygfa a fu'n ysbrydoliaeth iddo lunio un o'i gampweithiau, *Les Lavandieres à Pont Aven.* Nid syndod, o gofio'r llun hwnnw, i'w ddylanwad fod yn un mor gry' ar gynifer o'r argraffiadwyr eraill. Mae print ohono o'm blaen y funud hon. Fe'i prynwyd am bumpunt yn un o'r siopau swfenîr niferus sydd yno tra bod y gwreiddiol yn hongian yn y Musée d'Orsay ym Mharis ac yn werth pum miliwn a rhagor, yn ôl pob tebyg, tawn i rywfaint haws o freuddwydio am fod yn berchen ar beth felly. Fe wnâi'r gwerth pumpunt fy nhro i'n burion. Rhaid meddwl am ei fframio rywbryd.

Troi i'r chwith toc dros un o'r pombrenni gan ddringo'r llechwedd i ymuno â'r llwybr sy'n arwain drwy'r Bois d'Amour, mangre ramantus dros ben yn ôl yr enw. Oddi yno ceir golygfa dra ysblennydd o'r holl fro a chyfle i flasu ei hudoliaeth. Nid rhyfedd bod yr hen arlunwyr wedi eu cyfareddu. Nid nepell oddi yno wedyn, yng nghanol twr arall o goed, yr oedd capel bychan Tremalo yn cysgodi, ei do'n dra gwyrgam gydag un bondo yn plygu'n bur agos i'r ddaear. O fentro i mewn medrir rhyfeddu ar gerflun pren o'r unfed ganrif ar bymtheg y modelwyd *Y Crist Melyn* arno, un arall o greadigaethau hynod Paul Gauguin.

Yn ôl yng nghanol y dref mynnwyd rhoi cip, er un llawer rhy frysiog, ar y creiriau yn Amgueddfa Pont Aven. Doedden nhw yno ddim yn cael yr hawl i fwynhau unrhyw siesta ganol dydd er mai prin y gallem wneud cyfiawnder â'r lle. Rhaid dychwelyd i'r fan hyn rywbryd eto barnwyd.

A ninnau erbyn hynny ar ein cythlwng braidd, dyna droi i mewn i un o'r tai bwyta gerllaw gan eistedd wrth fwrdd ar un o'i derasau awyr agored. Da bod ambarél amryliw yn ein cysgodi rhag haul crasboeth Mehefin yn ei anterth. Pwy soniodd tybed am gŵn lloerig a Saeson? Doeddem ninnau chwaith ond yn yr un olyniaeth. Prun bynnag chlywais i yn fy nydd gystal blas ar salad ac omlet ac fe olchwyd y cyfan i lawr, os goddefer idiom mor estronol, fel oedd weddus a ninnau yn Llydaw, â jygiad o seidir a chanddo gythraul o gic.

Pe na bai dim arall yn galw gallem fod wedi aros yno gydol gweddill y prynhawn canys roedd y syrthni rhyfedda' wedi'n taro, ond erbyn pum munud wedi tri bu raid ymystwyrian o'n cysgadrwydd am fod y dre' wedi bywiogi drwyddi eilwaith, pob man wedi ailagor a'r masnachwyr barus yn eu hymarfogi eu hunain drachefn i bluo'r ymwelwyr.

Ac ymweld â'r orielau o'u cwr a wnaethom. I mewn i'r naill, allan o'r llall, oedi'n hwy wrth bori ambell dro, sefyllian, gosod llinyn mesur, edmygu, canmol, hyd yn oed feirniadu ambell beth nad oedd yn union at ein dant eithr gan ei sgrialu hi am y palmant os oedd unrhyw berchennog yn orawyddus i wrjio celfwaith arnom. Nes cyrraedd o'r diwedd at ddrws yr union oriel y bwriwyd ni allan mor ddiseremoni ohoni deirawr ynghynt – stiwdio un Robert Josset mewn safle freiniol ar sgwâr L'hotel de ville.

Doedd y wraig a fuasai mor chwannog i'n herlid oddi yno ganol dydd ddim ar ddyletswydd mwyach. Eisteddai stwcyn canol oed, perchen ysgwyddau tra llydan, fel petai'n braslunio rhywbeth wrth fwrdd yn y gornel ac ni chymerodd ond y nesa' peth i ddim sylw ohonom wrth inni gamu dros y trothwy. Gorau oll meddyliais, eisiau'n hanwybyddu yr oeddem ni ac fe roddwyd tragwyddol ryddid i ni i gerdded o gwmpas i gymryd stoc o bethau'n hamddenol braf – heb annog, heb wasgu, heb bwyso arnom i brynu dim oll – ac yr oedd agwedd wâr o'r fath yn tynnu mwg yn syth. Ac eithrio rhyw ddyrnaid, lluniau mewn olew oedd y cyfan, cyfanswm, dyweder, o ryw bymtheg ar hugain a'r rheini'n amrywio o ran maint ac o ran ffurf, golygfeydd o'r Llydaw wledig yn amlach na pheidio, ei bythynnod gwyngalchog, ei meysydd, ei choed, ei hawyr ond bod y cyfan o ansawdd gwbl ddisentiment. Doedd undim siwgwraidd ar eu cyfyl a chyda'r môr yn ddieithriad heb fod yn rhy bell i ffwrdd. Portreadau o hen gymeriadau wedyn, gwŷr a gwragedd cyffredin yn crafu bywoliaeth o erwau digon crintach gyda'u hanifeiliaid o'u cwmpas a'r ieir a'r hwyaid a'r gwyddau dan draed ym mhobman, y math o ddeunydd hwyrach y byddai Aneurin

Jones gartre yn ddigon parod i'w arddel. Ambell ddigriflun hefyd o hen wraig yn ei du trwm at ei fferau yn gyrru'n orffwyll ar gefn beic tra bod ei bonet a'i siôl yn cael eu chwyrlio gan y gwynt. Detholiad digon difyr ac amrywiol fel yna. Eithr at un yn arbennig y mynnem ddychwelyd dro ar ôl tro – un lled fychan o faintioli gyda'r teitl *Le jour de grand mare* wedi ei labelu oddi tano.

Wel nawr, roedd gan fy ngwraig ryw grap ar bethau ac wedi iddi brysuro i ymgynghori â'r geiriadur a gariai yn ei bag llaw rhoddodd gynnig ar gyfieithiad –'diwrnod y llanw mawr' – neu rywbeth i'r perwyl, ac yr oedd o'n deitl eitha' addas i olygfa ar draeth rywle, hithau'n drai yn dilyn llanw go uchel. Tair o wragedd canol oed, digon afrosgo, hwythau yn eu du, un yn sefyll fel pe bai wedi llwyr ymlâdd, y ddwy arall yn eu cwman a'u penolau i'r awyr yn llafurus gribinio'r tywod i chwilio am gocos o bosib, tra bod gŵr i un ohonynt, 'nôl pob tebyg, horwth cyhyrog yn gwisgo beret ac yn llewys ei grys a chyda'i ddwy law o'r golwg yng ngwaelodion ei bocedi yn cyfrannu dim oll i'r gweithgaredd ac eithrio sefyllian o gwmpas i arolygu'r prysurdeb.

Golygfa nodweddiadol Lydewig hwyrach ond fod rhyw elfen Gymreig o'i chwmpas yr un pryd, yn arbennig felly am fod y môr a olchai dros rimyn o greigiau yn y cefndir yn atgoffa dyn rywsut o arfordir Cemlyn yng ngogledd Môn. A dyna benderfynu yn y fan a'r lle fod yn rhaid i ni ei brynu.

Erbyn hynny hefyd dechreuasai'r gŵr a eisteddai wrth y bwrdd yn y gornel gymryd diddordeb ynom. Cododd a daeth atom gan siriol wenu a cheisio egluro'n lled ymddiheurol, fel y tybiem, mai fo oedd Robert Josset yr arlunydd. Dyna ninnau wedyn yn cynhesu'n syth tuag ato ac yn stryffaglu i gynnal sgwrs ddigon herciog efo fo

ac yntau yn troi allan i fod yn un o'r rhai clenia' a rhadlona' a wisgodd esgid.

Roedd fel petai rhyw gwlwm Celtaidd yn peri ein bod ar yr un donfedd rywsut. Sôn am greadur diymhongar er bod ei CV yn un dra nodedig. Yn artist aml ei lawryfon, un yr oedd ei gynnyrch wedi ei gynnwys mewn arddangosfeydd ledled Llydaw, yn wir ledled Ffrainc ynghyd ag ambell salon go nodedig ym Mharis. Yr un pryd hefyd y mae enghreifftiau o'i waith i'w gweld mewn casgliadau preifat ledled y byd ac y mae'n ymffrost gennym ninnau bellach bod *Le jour de grand mare* yn hawlio'i ddyledus barch ar un o'n parwydydd ninnau acw.

A mynych, yn wir yn feunyddiol bron, yr edrychwn arno ac y byddwn yn gwaredu fod y diogyn ar ganol y llun, er dirfawr gywilydd iddo, yn mynnu sefyllian yn ddiamcan o gwmpas tra bod y gwragedd druan yn dal i lardio yn eu cwman wrth gloddio am y cregyn yn y tywod a ninnau yn aml yn ysu am weiddi ar i'r llymbar dynnu'i ewinedd o'r blew i estyn petai ddim ond y mymryn lleia' o gymorth iddynt!

Wedi'r cwbl does wybod yn y byd pa froc digon gwerthfawr all gael ei olchi i'r lan gan lanw mawr. Ffolineb o'r mwyaf gan hynny yw i unrhyw greadur ymatal rhag manteisio ar ei gyfle pan ddaw, er mod i'n ofni na ddaw'r un ymwared iddo ef bellach canys fe'i tynghedwyd gan Robert Josset i sefyll yno hyd dragwyddoldeb ar ganol y llun gyda'i ddwylo'n ddyfnion yng ngwaelodion eithaf ei bocedi.

Er nad dyna'r unig enghraifft o waith yr arlunydd o Bont Aven sydd acw bellach chwaith, canys o fewn blwyddyn fe ddychwelwyd yno. Ond stori arall yw honno, sut y caed partner i *Le jour de grand mare* i hongian ochr yn ochr â'i gilydd ar un o'n muriau heb sôn am y poster, y ddau sgribliad neu ddwdl, y llyfr bwrdd coffi, ac ati ac ati, a dderbyniwyd mor rhad drwy law fawr agored, yr ardderchog, eithriadol hael Robert Josset. Bu'n lanw mawr yn sicr i ninnau.

Pechod Vincent Crump

Goddefer am y tro ryfyg dyn yn defnyddio'r achlysur i leisio cwyn. Y ffaith amdani yw 'mod i wedi ffromi'n bur aruthr, fy nghlwyfo yn nhŷ fy ngharedigion fel petai, nes fy ngadael yma druan i waedu dros fy mhapur a'm peiriant teipio.

Erthygl a ymddangosodd yn y rhacsyn hwnnw *The Sunday Times* ar 26 Tachwedd a'm cythruddodd. Faswn i ddim wedi gweld y bali peth onibai i Linor Roberts, Bryn Efail Isa' o ardal *Y Ffynnon* anfon y toriad i mi, ac y mae'n ddiau ei bod hi wedi cael dirfawr bleser o wneud hynny hefyd. Does dim angen gelyn ar rywun pan fo ganddo un debyg i Linor Roberts yn cymryd arni bod yn ffrind!

Rhyw Vincent Crump yw'r troseddwr. Petai'r llymbar hwnnw wedi bod yn agos wrth i mi ddarllen ei dipyn sothach fe fyddwn, yn fy nghynddaredd cyfiawn, wedi tagu'r diawl. (Sgiws ddy langwej bobol, ond rydw i dan deimlad.) Mi fuaswn wedi ei sgraglardio, ei flingo'n rubana', ei dynnu'n bedwar aelod a phen. Fuasai hyd yn oed ei fam ddim yn ei 'nabod. Nid yn unig fe dywalltodd anfri, yn anuniongyrchol felly, arna' i'n bersonol ond o bosib ar ran helaeth o Eifionydd yr un pryd.

'Peaks for Cheats' oedd y pennawd. 'Cheats', sylwer. Ia, 'twyllwyr' felly. Mae hynny ynddo'i hun yn sail ddigon cadarn i ddwyn achos o enllib difrifol yn ei erbyn. Rhestru y mae ddyrnaid o 'fryniau' (ei air o nid fy un i) y rhai yn ei farn bitw fo y mae'n hawdd iawn, iawn cyrraedd eu copaon er bod rhai 'blyffwyr' digywilydd chwedl yntau yn eu galw'n 'fynyddoedd' ac yn ymffrostio byth a hefyd ei bod yn golygu cryn ymdrech ar eu rhan i'w dringo, er nad yw'r dasg honno, eto yn ei farn o, ond yn un o'r rhai rhwydda' dan haul.

Daw chwech o'r dywededig 'Peaks for Cheats' o dan y lach ganddo – Gummer's How ym Mro'r Llynnoedd, Bryn Leith yn Surrey, Bela's Knap yn Swydd Gaerloyw, y Roaches, Swydd Stafford, Bryn Conic yn Swydd Stirling yn yr Alban ac yng Nghymru, coelier neu beidio, ein Eferest ni yng nghwmwd Eifionydd, sef Moel y Gest. Dyma, o'i rydd gyfieithu, beth sydd gan y creadur gwirion i'w draethu:

> Wedi ei gwasgu rhwng Eryri a'r môr mae Moel y Gest wedi mynd yn llawer rhy fawr i'w 'sgidiau. A hithau ddim ond 860 o droedfeddi o uchder dydi hi ddim namyn bryncyn sy'n cymryd arni bod yn fynydd. Yn gyfrwys ddigon fe'i sodrodd ei hun ar fin y môr yn ddigon pell o'r pinaclau uchel a fyddai'n peri iddi,

> mewn cymhariaeth, i ymdebygu fawr lai na chorrach. Rhyw gwta filltir, dyna'r oll sydd i'w chopa er na ellir gwadu nad yw'r olygfa o Fae Tremadog i gyfeiriad Castell Harlech, neu draw hyd at gribau mawreddog yr Wyddfa a'i chriw, yn un dra ysblennydd. Mae'r rheini fel pe baent yn edrych i lawr yn ddirmygus arni hi nad yw ond sbrigyn salw o gymdoges iddynt. Ac wedi sawru'r awyrgylch fydd rhywun ddim chwinciad wedyn â chyrraedd y gwaelod i Borthmadog, ple gall dyn ddiwallu ei syched drwy gyfranogi o gwrw rhagorol Spooners.

Wel diolch yn fawr, Mistar Crump. Druan ohonoch os mai'r unig sylw cadarnhaol y gallwch ei gynnig ydi drwy ganu clodydd effeithiau honedig atgyfnerthol cwrw Spooners – lle bynnag y mae fanno. Yn bersonol, mi fyddai'n llawer rheitiach gen i ar ôl dringo'r Foel eistedd wrth fwrdd ger y ffenest yn Siop Fawr (Kerfoots i'r dienwaededig) i wylio'r prysurdeb islaw a chyda thebotiad iachusol o de o'm blaen. Ac nid pledio achos dirwest yr ydw i o ddweud hynny chwaith.

Nawr hefyd, rwy'n dirfawr obeithio – er bod fy meiau'n lleng – nad ystyrir fi, a defnyddio term yr hen Vincent, yn ormod beth bynnag o flyffiwr. Rwy'n eitha' parod, cofier, i gydnabod nad ydw i wedi cyflawni fawr ddim gydol oes yn yr hen fyd 'ma. Ond rwy'n siŵr na warafunir o leia' un ymffrost fach i ddyn, ddarfod imi yn ystod y chwarter canrif diwetha' 'ma, ar waetha' pob cur yn y cefn a chric yn y coesa', gyrchu a chyrraedd copa'r hen Foel 'na dros fil a rhagor o weithia' – a hynny ym mhob tywydd, mewn gwynt ac mewn glaw, mewn storm ac mewn hindda, mewn niwloedd, mewn drycinoedd, mewn tes. Ac rwy'n ystyried y peth, goddefer fy mhlentyneiddiwch, yn rywfaint, beth bynnag, o gamp.

Mae pobol Môn yn sicr yn edmygwyr cwbl anedifeiriol o'r gyfryw orchest. Pan ddaw teulu a chydnabod ar eu hald dros y Bont i edrych amdanom ym mis Awst, fe fyddant yn rhyfeddu fod creadur meidrol fel fi wedi cyflawni yr hyn a gyflawnwyd.

'Fe fyddai dringo unwaith i fyny mynydd mor bensyfrdan o uchel, un mor fawreddog ac ysgithrog, yn ddigon amdanon ni . . .' haerant yn gegrwth ac fe fyddwn innau'n llai na gonest pe dywedwn na fydd y cyfan a ddywedir ganddynt yn fiwsig hyfryd i'm clustiau. Mae'n wir hwyrach fod y Foel yn ymdebygu i ryw Kangchenjunga neu Eiger neu Fatterhorn yn eu golwg nhw am na cheir o bosib ond ambell bloryn sy'n codi fawr uwch na rhyw gan troedfedd yn y Fam Ynys. Ond waeth am hynny, a beth bynnag a ddywedir, y mae pobol Môn yn bobol gyfrifol, sicr eu safonau, cytbwys eu barn ac yn 'nabod camp pan welant un!

A rŵan dyna'r Vincent Crump 'na'n rhoi pìn yn y cyfan. Dacia fo. 'Peaks for Cheats', myn brain i. Ond mi ddeuda' i un peth – a hwn fydd fy ngair ola' i ar y mater, y dylai'r brawd ofalu na ddo' i ddim ar 'i draws o a hithau ar ei th'wllnos hi rywbryd ar lethrau'r Foel yn y dyfodol. Os daw o, ac mi deuda' i o eto, fe fydd yn abal a byw arno. Bryd hynny fe fydd raid iddo roi cyfrif am ei haeriadau ffôl a difeddwl ac am fy ngalw i'n dwyllwr. A phwy a ŵyr, wyddoch chi ddim, hwyrach mai dod o hyd iddo a wneir ar waelod yr hen chwarel sydd yno am fod rhywun, a fyddai dim angen galluoedd ymenyddol rhy ddisglair na galw chwaith ar Scotland Yard na'r un Inspector Poirot i ddyfalu pwy, wedi cydio yn ei sgrepan a'i wthio dros y dibyn. Rwy'n gofyn i chi. A fyddai o'n haeddu gwell?

O eistedd yng nghadair Arglwydd Dinefwr

Wythnos Eisteddfod Genedlaethol yr Urdd Sir Gâr oedd hi, a ninnau'n treulio ychydig ddyddiau yn Llandeilo, y dref fach hyfryd honno yn Nyffryn Tywi, a dyna pryd y digwyddais daro ar gyn-athrawes hoff nad oeddwn wedi ei gweld ers bron i drigain mlynedd, ddim ers Gorffennaf 1950 beth bynnag.

Daethai'r Freda Butcher ifanc yn 1948 o Rydaman yn nyfnderoedd y Sowth i ddysgu Ffrangeg yn hen Ysgol Ramadeg Amlwch. Dyddiau pan gâi'r addysg ei chyfrannu yn y Neuadd Goffa gyntefig odiaeth ei chyfleusterau, fel y cofia rhai ohonom yn dda, oedd y rheini a phrofiad digon diarth, mae'n ddiamau, iddi hithau, newydd raddio, yn ddim mwy na dwy ar hugain oed ac ar ei swydd gynta', fu ei thrawsblannu yng ngogledd Môn.

Doedd dim deugant (dyddiau dedwydd!) o ddisgyblion yn yr ysgol i gyd; Caradog Evans â dwrn haearn yn teyrnasu, a rhyw ddyrnaid o athrawon yn ei gynorthwyo. Fe'i cafodd hi ei hun yn lletya rywle ar Ffordd Porth Llechog gydag R. D. Parry, y naturiaethwr a phrifathro yr ysgol gynradd, y cymydog agosa' iddi.

Mae'n wir na ddisgleiriais i erioed yn ei phwnc ond roedd gen i feddwl mawr ohoni. Byddwn yn gwrido 'dat fonnau fy nghlustiau bob tro y gwenai arnaf yn 3A. Roedd hi mor glên, mor annwyl, mor amyneddgar – *crush* mi dybiaf yw'r ymadrodd cyffredin am yr afiechyd!

Cawswn fy medyddio â'r ffugenw *Tins* ganddi yn fuan ar ôl iddi gyrraedd. Nawr, os deallais i'n iawn, er ei bod yn fwy na thebyg 'mod i'n cyfeiliorni'n enbyd, person cyntaf unigol gorffennol cryno y ferf Ffrangeg *tenir* yn golygu 'cydio' neu 'gafael' ydi *tins*. Meddan nhw! Nid *tins* oeddech chi i fod i'w ddweud chwaith, eithr rhyw ynganiad trwynol Ffrengig yn swnio rywbeth tebyg i *tân*. Ond doedd dim modd rhoi sglein y Sorbonne ar acenion pathaw gwledig o Garreg-lefn ac er iddi ddygn ymdrechu'n hir – *jy tins, tu tins, il tant* yn dra Chymreigaidd fel yna a draethwn i ac, yn ei rhwystredigaeth, rhoesai hithau y ffidil yn y to, gan fy ngalw yn *tins* weddill ei dyddiau yn yr ysgol wedyn.

Eto i gyd, fe fynnodd rhai pethau, manion mae'n wir, a ddysgodd inni aros efo mi hyd heddiw. Gallwn y funud hon, fel enghraifft, raffu bron ar un gwynt, y rhigwm hwnnw, eiddo La Fontaine, *Le cigale et la fourmi* (y ceiliog rhedyn a'r morgrugyn). Ac fe wnawn hynny i argyhoeddi ambell hen sinig petai gofod yn caniatáu.

Yn wir byddai fy mhlant fy hun, genhedlaeth yn ddiweddarach, o wylio'r teledu pan fyddai Cymru yn ymryson yn erbyn y Ffrancwyr ar Barc yr Arfau, yn gegrwth edmygus o'm campau pan glywent fi, cyn dechrau'r chwarae yng Nghaerdydd, yn ymuno i rantio canu anthem genedlaethol Ffrainc:

Allons enfants de la patrie,
Le jour de gloire est arrivé,
Contre nous de la tyrannie
L'etendard sanglant est levé.

Nid, cofier, bod y synau a gynhyrchwn yn rhai y byddai ryw José Carreras neu Andrea Bocelli yn barod i'w harddel, ond yn nheyrnas y dall bob amser mae'r unllygeidiog yn frenin, ac i ddau blentyn anedifeiriol anfeirniadol, roedd eu tad, nid yn unig yn bencantor eneiniedig, ond hefyd yn ieithmon gwybodus. Ac i Freda Butcher, neb arall, yr oedd y diolch am hynny.

Ond 'mhen rhyw ddwy flynedd fe'm siomwyd yn ddirfawr ynddi canys fe benderfynodd droi ei chefn arnom yn Amlwch. Fe'i hapwyntiwyd yn athrawes yn Ysgol Ramadeg Hendy-gwyn ar Daf ac fe ddychwelodd yn llawer nes i'w chynefin. Afraid nodi, wrth reswm, i'r alaeth fod yn hir ar ei hôl!

Mae'n wir inni gyfnewid cardiau Nadolig yn selog am rai blynyddoedd wedyn ond fe dorrwyd y cysylltiad hwnnw maes o law. Er mai dymunol bellach yw medru adrodd fel y daeth y gyn-athrawes hoff yn fyw iawn eto'n ddiweddar, yr un a fu golledig ac a gaed fel petai.

Heb fynd i orfanylu ynghylch y sut a'r pa fodd,

clywswn ei bod ar ambell bnawn Gwener yn dod i Landeilo i weithredu fel un o'r gwirfoddolwyr sydd yn goruchwylio ystafell yn Nhŷ Newton, y plasty a fu'n gartref ar un cyfnod i Arglwyddi Dinefwr ond sydd bellach yng ngofal yr Ymddiriedolaeth Genedlaethol ac ar agor i'r cyhoedd.

A dyna gyrchu yno erbyn oddeutu un o'r gloch. Cerdded drwy'r parc eang gan gofio mai dyna'r darn daear y bu'r Arglwydd Rhys (a gynhaliodd yr eisteddfod honno yn Aberteifi yn 1176) yn ei thramwyo, ac un o'i ddisgynyddion dair canrif yn ddiweddarach, sef Rhys ap Thomas a oedd yn rym nerthol yn y Deheubarth ac a fu'n gymaint o gefn i Harri Tudur ar faes Bosworth.

Talu chwephunt am gael mynediad i'r tŷ a holi a oedd rhyw Miss Freda Butcher yn digwydd bod yn un o'r gwirfoddolwyr yno'r prynhawn hwnnw. Fe gaed ateb cadarnhaol. Fe'i disgwylid erbyn dau i roi ei stint. Byddai'n gyfrifol am lolfa foethus ac ystafell fwyta'r plasty. Yr un pryd, os oedd galw, byddai'n barod i ateb cwestiynau ymwelwyr ynghylch yr addurniadau, y dodrefn a'r portreadau. Yn bennaf oll byddai'n sicrhau nad oedd unrhyw blant anystywall yn rhedeg yn wyllt o gwmpas.

Roeddwn i wedi bod yn Nhŷ Newton o'r blaen, a bûm yn lladd amser o gwmpas y lle am awr dda cyn iddi gyrraedd. Eithr pan ddaeth, fe'i hadwaenais yn syth. Doedd hi ddim wedi newid rhyw hylltod ers y cyfnod pell yn ôl hwnnw pan gofiwn hi yn Amlwch ym mhedwar-degau hwyr y ganrif ddiwethaf. Fe safai'n urddasol yng nghwr pella'r ystafell eang. Penderfynais syrthio ar ei gwarthaf yn syth.

Doeddwn i ddim yn disgwyl iddi fy 'nabod i ond bernais er hynny, jyst rhag ofn, y byddai'n burion peth ei chyfarch yn y Saesneg i ddechrau. Rhag iddi amau.

Dichon y byddai fy acen ogleddol drom yn fy mradychu pe'i cyfarchwn yn y Gymraeg.

A dyna droedio'n dalog i'w chyfeiriad gan alw at wasanaeth acen fel pe bai gen i datan boeth yn fy ngheg:

'Excuse me! But are you Miss Freda Butcher?'

Edrychodd hithau'n ddryslyd arna i yn methu'n lân â dyfalu pwy ar wyneb daear oedd y creadur powld a'i wallt wedi hen orffen britho a safai yno o'i blaen.

'Yes . . .' atebodd yn betrusgar.

Ac meddwn innau wedyn, 'I wonder if you could tell me . . . that is, I'd like to know what is the first person singular, past tense, of the French verb *tenir* . . .'

Doedd dim angen dweud rhagor canys gyda dim ond cyn lleied â hynny o gliw, fe'm hadnabu.

'W . . . W . . . William . . . William Owen! Brenin mawr! O ble daethoch chi?'

Ond roedd yn amlwg ei bod wedi ei bwrw rhyw gymaint oddi ar ei hechel,

'Wel! yn y wir,' ychwanegodd, 'mae hyn wedi bod yn dipyn o sioc . . . maddeuwch i mi . . . rhaid i mi gael eistedd i lawr.'

A dyna wnaeth hi gan fy ngwahodd innau i wneud yr un peth.

'Cymrwch nacw, ylwch.'

A dyna fi'n cael caniatâd swyddogol i eistedd ar un o gadeiriau breichiau moethus Arglwydd Dinefwr ac yno ynghanol yr holl ysblander y buom am hydion ein dau yn rhoi'r byd yn ôl yn daclus yn ei le. Erbyn hynny hefyd roedd hi wedi dechrau adfer ei hunanfeddiant ac fe ddechreuodd yr atgofion lifo'n ôl yn un rhyferthwy tra mod i'n cael fy mombardio gan ei chwestiynau:

'Faint ydi'ch oed chi nawr, William? . . . Mi fydda i yn 82 nesa . . . Hogyn bach del digon o ryfeddod yn 3A ydw i'n eich cofio chi.'

A dyna finnau'n dechrau gwrido drachefn yn union fel y gwneuthum bron i drigain mlynedd ynghynt! Er na ddatgelais fy oed chwaith rhag iddi gael rhagor o fraw.

'Wel! alla i ddim cael dros hyn . . . ond deudwch i mi . . . na, prin fod neb yn fy nghofio fi tua Amlwch 'na bellach chwaith.'

'Peidiwch chi â bod mor siŵr,' fe'i sicrheais.

'Sut mae Awena?' (Miss Jôs Welsh i'r cyfarwydd)

'Mor fytholwyrdd ag erioed,' atebais.

'A Madge Biol?'

'Iawn, hyd y gwn i, er nad ydw i wedi 'i gweld hi ers blynyddoedd chwaith.'

'Roedd o'n amser difyr, wchi. Coffa da am Dybliw O a Miss Hall a Tom Price a Huw Rees Ellis – bob un ohonyn nhw wedi'n gadael erbyn hyn gwaetha'r modd.'

Doedd o ddim yn annisgwyl ei bod yn cofio'i chyd-athrawon, eithr yr hyn a'm synnai i oedd y gallai enwi cymaint o'i chyn-ddisgyblion dri chwarter oes yn ddiweddarach.

'Gwelais hanes Tom Parry Jones yn y *Western Mail* ar ôl iddo ddyfeisio'r anadlenydd a chael yr OBE. Dipyn o gamp on'd oedd? Ac fe fyddwn yn gweld Olwen Banc ar ambell i gwrs athrawon. Roedd hi'n dysgu Ffrangeg yn Ysgol y Strade'n ddiweddarach . . . ond deudwch i mi beth am Meira Rowlands? Hogan dda oedd Meira . . . a dyna genod da eraill, Myfanwy Phipps a Mair Dybliw O.'

Minnau'n ceisio adrodd peth o'u hynt a'u helynt hwythau.

'Beth am Gareth Thomas, Rhosgoch?'

'Bu farw yn ei ganol oed cynnar, gwaetha'r modd.'

'David Barnsley?'

'Wedi ymfudo i Seland Newydd ers tro byd.'

'Gruffydd Roberts, Corwas wedyn?'

'Mae'n byw yn Nyserth. Wedi ymddeol o fod yn

ymgynghorydd addysg ac newydd gyhoeddi cyfrol ardderchog o ysgrifau'n ddiweddar.'

'Y cyn-ddisgyblion wedi disgleirio felly . . .'

Gan fynd ymlaen i holi ynghylch Wil Huws a John Sage a Pyrsi a Glenys Pritchard ac Elisabeth Monfa ac Edna May a Margaret Guest a'u tebyg. Roedd y peth yn rhyfeddol.

'Wel! Wel! Rydw i'n dal i fethu cael dros y peth. Rydach chi wedi g'neud fy niwrnod i . . . ydach wir.'

Am imi dynnu arni gan edliw ei bod wedi costio cymaint â chwephunt i mi'r pnawn hwnnw am y fraint o gael dod i'w gweld fe fynnodd hithau droi'r byrddau arna inna' gan fynnu ei bod yn gwneud iawn am y peth drwy fynd â fi am banaid a sgon cyn i mi adael. A chan fy siarsio'r un pryd beth i'w wneud a lle i fynd i sicrhau mynediad rhatach pe deuwn ar fy hald i Dŷ Newton unrhyw dro arall.

'Brysiwch eto William . . .' pwysleisiodd, 'a chofiwch fi at bawb sy'n dal i 'nghofio fi'n g'newch . . .' wrth i ni ysgwyd llaw yn gynnes cyn ffarwelio.

Doedd dim dwywaith amdani, bu'n brofiad digon rhyfedd i ni'n dau. Cynhyrfus hefyd ac eitha' emosiynol. Ac wrth gerdded yn ôl i Landeilo drwy Barc y Lord (sydd bellach, gyda llaw, wedi ei ddyfarnu'n Warchodfa Natur Genedlaethol) y prynhawn hwnnw, y dydd cyntaf o Fehefin 2007, sylwais fod y gwartheg gwynion, disgynyddion uniongyrchol y brîd prin hwnnw y cyfeirir ato yng Nghyfreithiau Hywel Dda, yn pori'n hamddenol ddidaro gerllaw, tra 'mod i yn llawn cyffro yn ymdynghedu na adawn i hanner canrif a rhagor arall fynd heibio cyn y byddwn yn mentro cyrchu i dorri'r gair nesa' â'r gynathrawes hoff.

Roeddwn i hefyd yn fwy na pharod, mewn gostyngeiddrwydd mawr, ac fel un oedd yn gwybod yn union beth oedd ei le, i gydnabod fy niolch i Arglwydd Dinefwr am y fraint o eistedd ar un o'i gadeiriau i gynnal y seiat honno – profiad a fu, o'm rhan i beth bynnag, yn un mor eithriadol felys.

Llythyrau'r 'tedi bêr'

Waeth cyfadde' ddim, nid fi sy'n berchen arnynt eithr fy ngwraig. Hi a'u cafodd gan gyn-athro iddi. Bu'r diweddar Mabli Owen yn bennaeth adran Saesneg uchel iawn ei barch yn Ysgol Eifionydd am rai blynyddoedd ac yn ddarlithydd wedi hynny yn y Coleg Normal. Roedd yn cartrefu nid nepell oddi wrthym ni yma ym Mhorth-y-gest.

Yn ŵr ifanc symudai yn yr un cylchoedd â Dylan Thomas a'i griw a phan fentrodd i'r gogledd i weithio daeth i gysylltiad â set Portmeirion. Yn wir bu'n cyd-olygu, gydag Amabel Williams-Ellis, gyfres lwyddiannus o gasgliadau o ffuglen wyddonol ar ffurf storïau byrion a gyhoeddwyd gan gwmni Blackie. Mae'r pedwerydd casgliad o'r gyfres honno, *Out of this World*, wrth fy mhenelin y funud hon. Ymhlith y cyfranwyr iddo gwelir enwau rhai fel Arthur C. Clarke, Brian Aldiss a J. G. Ballard ynghyd ag un o'n llenorion ni yma yn Eifionydd, sef y diweddar Elis Gwyn Jones a'i stori (wedi ei chyfieithu o'r Gymraeg gan Mabli) sy'n dwyn y teitl 'When the engines had to stop'.

Yn ei ddydd fe ymddiddorai Mabli yn yr hyn a ystyriai ef yn enghreifftiau 'diddorol' o lawysgrifen gwahanol unigolion, yn enwedig y math o lawysgrifen yr oedd rhyw odrwydd yn ei nodweddu, ac yr oedd yn berchen y casgliad rhyfedda, ohonynt a'r rheini yn amrywio o'r coprplet i'r traed brain gyda'r mwyaf aflêr y byddai galw am wasanaeth arbenigwr ar hieroglyffau'r Hen Aifft yn aml i'w deall a'u dadansoddi. Pan gefnodd ar y chwiw honno fe drosglwyddodd y casgliad i'm gwraig ac acw y mae o bellach.

Roedd Mabli wedi derbyn sawl enghraifft o lawysgrifen od drwy law Clough Williams-Ellis, ac yn eu plith ddau lythyr yr oedd pensaer Portmeirion wedi eu derbyn rywbryd oddi wrth John Betjeman, neb llai – un a oedd yn greadur tra echreiddig yn ei lawysgrifen fel ei bopeth.

Fe aeth dros ugain mlynedd heibio bellach er pan fu farw John Betjeman a chystal, cyn dechrau cyfeirio at ei ddau lythyr, fyddai dwyn ar go' rai ffeithiau amdano. O dras Is-almaenig, fe'i ganed yn 1906, ei hynafiaid yn wneuthurwyr dodrefn cain. Y bwriad oedd iddo yntau, ryw ddydd, ymuno â'r ffyrm deuluol eithr sylweddolodd yn bur gynnar y gwnâi barddoniaeth amgenach erfyn iddo ar gyfer bywyd.

Fe'i gyrrwyd i ysgol fonedd Marlborough ple cafodd ei guro a'i fwlio'n ddidrugaredd gyson, ple y casâi chwaraeon o unrhyw fath, ac y bu pob eiliad o'i arhosiad yno iddo'n hunllef. Ond dôi dirfawr ryddhad yn ystod y gwyliau o gael seiclo hyd a lled Cernyw yn ymweld ag eglwysi.

Bwriodd dymor wedyn yn Rhydychen er bod ei brifathro ym Marlborough wedi ei rybuddio cyn iddo 'rioed fynd ar gyfyl y lle – 'Does gen i ond mawr obeithio Betjeman na fyddwch chi'n cael Rhydychen yn lle rhy ddymunol.' Eithr dyna'n union a ddigwyddodd. Bu cyrchu i bartïon a phethau tra 'dymunol' cyffelyb yn feini tramgwydd difrifol. Methodd ei arholiadau'n llanast ac fe'i diarddelwyd. Dilynwyd hynny gan nifer o fân swyddi digon dibwys – ym myd insiwrans i gychwyn, fel athro ysgol wedyn cyn mentro'i lwc yn ymhél â newyddiaduriaeth. Fe'i cyflogwyd gan Beaverbrook yn feirniad ffilmiau i'r *Evening Standard*, ond unwaith eto cafodd partïon siampên eu heffaith a'r un fu'r hanes – caed gwared ag o. Symud wedyn i fod yn aelod o staff y *Daily Herald* cyn ei ddyrchafu'n olygydd adran lenyddol *Time and Tide* ond gan gyfrannu'n ysbeidiol hefyd i golofn adolygu llyfrau y *Daily Telegraph*. Yna priodi Penelope Chetwode, merch i gadfarsial a chael dau o blant, un mab ac un ferch.

Treuliodd gyfnod y Rhyfel fel swyddog y wasg Brydeinig yn Nulyn. Yn rhinwedd y swydd honno gorfu iddo arwyddo datganiad na fyddai'n datgelu unrhyw fath o wybodaeth a ddôi i'w ran. 'Nid bod unrhyw wybodaeth erioed wedi dod i'm rhan i chwaith . . .' prysurai i ychwanegu. Ond gydol yr adeg daliai ati i farddoni a châi ei waith ei gyhoeddi'n gyson.

Fe lifodd y gydnabyddiaeth am ei gynnyrch – Gwobr Heinemann yn 1948 yn cael ei dilyn wedyn gan Wobr Lenyddol Foyle. Ac fe ddaeth casgliad detholedig o'i gerddi i'r brig fel gwerthwr gorau 1958. Cyhoeddwyd pedwar adargraffiad mewn un mis o'r gyfrol honno ac am gyfnod gwerthid mil o gopïau y dydd. Yn 1960 wele ddwyn ei gerdd hunangofiannol *Summoned by bells* i oleuni dydd, a'r un flwyddyn derbyniodd Fedal Aur y Frenhines am ei waith. Erbyn 1969 roedd wedi ei ddyrchafu'n farchog ac yn 1972 fe'i hetholwyd yn Fardd y Brenin. O'i ethol yr ugeinfed Laureate ar gyflog o ddeg punt a thrigain y flwyddyn ynghyd â saith bunt ar hugain ychwanegol wedyn yn lle baril o win, roedd mewn olyniaeth dra anrhydeddus yn cynnwys enwau fel Wordsworth, Tennyson, Robert Bridges, John Masefield, Cecil Day Lewis a'u siort.

Doedd dim dyletswyddau penodol ynghlwm â'r swydd er y disgwylid iddo gyfansoddi ambell gerdd i nodi achlysuron gwladol o bwys. Nid y bu iddo ddisgleirio yn y maes hwnnw, mae'n debyg, a bu ambell feirniad yn bur lawdrwm o'i gynnyrch, yn arbennig felly ambell gyfansoddiad o'i eiddo i nodi rhai digwyddiadau yn hanes y teulu brenhinol. O'i bwyso yn y glorian ar yr adegau hynny fe'i caed yn ddigon prin sawl tro. Eto i gyd, prin fod bardd o Sais erioed wedi gallu ennyn darllenwyr ar raddfa mor eang ag a lwyddodd ef. Nid y bu ei ymddangosiadau mynych ar lu o raglenni teledu yn anfantais iddo yn hynny o beth, wrth reswm. Ond beth tybed oedd ei gyfrinach? Mae'n wir fod ei gynnyrch wastad yn dreiddgar ond roedd yn dywyllodrus o syml a dealladwy yr un pryd – prawf, petai angen un, nad oes raid i farddoniaeth o angenrheidrwydd fyth fod yn dywyll a chymhleth.

Yn ychwanegol at ei gampau fel bardd fe'i hadwaenid hefyd am ei ymdrechion diflino i amddiffyn ac i arbed pethau oes a fu rhag mynd ar ddifancoll, ac am ei ymroddiad i ddiogelu enghreifftiau o bensaernïaeth Fictoraidd ac ati. Mewn gair, bu am gyfran helaeth o'i oes yn apostol yr achosion colledig. A phan fu farw yn 1984 fe lifodd y teyrngedau i'r lwmpyn hoffus a deithiai'n amlach na pheidio i bobman ar ei feic, un y daethpwyd i'w ystyried gan ei gydwladwyr fel Tedi Bêr y genedl – 'cydli' oedd y gair a ddefnyddid amlaf i'w ddisgrifio.

Nid y lleiaf o blith y teyrngedau hynny oedd eiddo Jean Alexander, yr actores a chwaraeodd ran Hilda Ogden yn yr opera sebon *Coronation Street* am flynyddoedd. Cofiai hi yn dda am ymweliad Betjeman â stiwdio Granada i gyfarfod holl gast y sioe. Swm y cyfan a ddywedwyd felly oedd fod Hilda Ogdens y byd hwn yn gallu gwerthfawrogi gwaith y diweddar fardd.

Eithr beth am y ddau lythyr y cyfeiriwyd atynt ar y dechrau? Bwriad y cyntaf oedd i roi ar ddeall i Clough

Williams-Ellis fod Candida, merch bedair ar bymtheg oed Betjeman, newydd symud i ardal yr Ynys, Talsarnau, ym Meirionnydd, dros yr aber o Bortmeirion, i fod yn ysgrifenyddes am ryw dri mis i'r nofelydd Richard Hughes, awdur *A High Wind in Jamaica, In Hazard, The Fox in the Attic* a theitlau eraill. Tybed, gan hynny, a fyddai Clough garediced â thaflu golwg arni ambell waith. Ac y mae'n amlwg fod hwnnw wedi cydweithredu oherwydd erbyn yr ail lythyr y mae'r tad pryderus, ymhlith pethau eraill, yn diolch am y gymwynas honno. Wele fras gyfieithiad:

'The Mead'
Wantage,
Berks
Tel : Wantage 150

8 : 9 : 62

Fy Annwyl Clough,

Buoch yn dra charedig yn gweithredu'n syth ynghylch Candida. Gobeithiaf eich bod wedi cyfarfod eich gilydd erbyn hyn.

Mae eich llyfryn wedi peri i mi ddyheu yn fwy nag arfer am ymweld â Phortmeirion. Ond rwy'n mynd i Gernyw yr wythnos ar ôl y nesa' ac fe fyddaf yno tan y degfed o Dachwedd gyda John Piper yn diwygio Arweinlyfr Shell i'r Ddugiaeth.

Ond pan fo niwloedd gaeaf yn chwyrlïo o gylch Eryri gobeithiaf dderbyn eich gwahoddiad er mwyn i ni gael sgwrs hir am Frank Lloyd Wright a Walton ynghyd ag eraill o hen gyfeillion.

Gyda phob dymuniad da i chi'ch dau – ac i holl bensaernïaeth.

John B

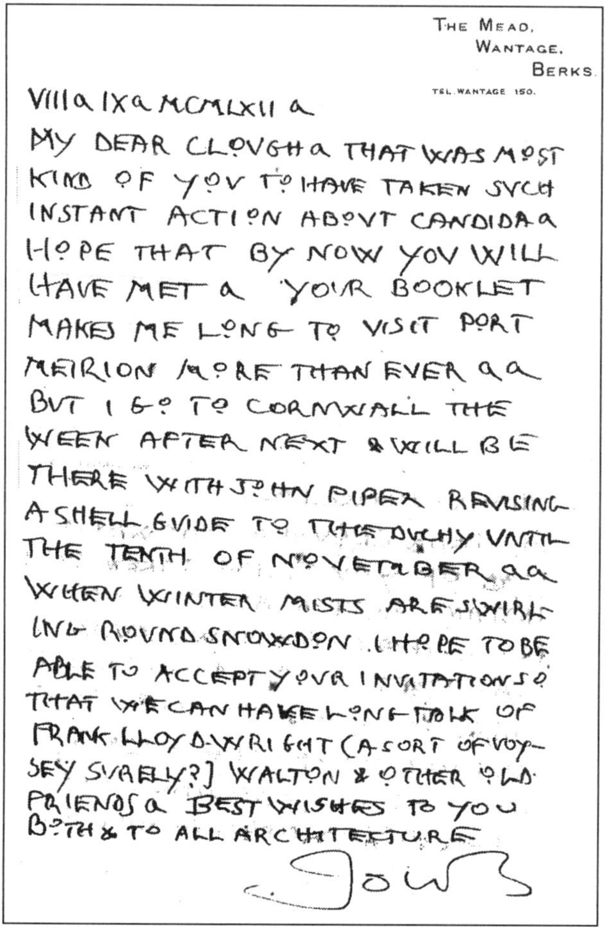

THE MEAD,
WANTAGE.
BERKS.
TEL. WANTAGE 150.

VIII a IX a MCMLXII a

MY DEAR CLOVGH a THAT WAS MOST KIND OF YOV TO HAVE TAKEN SVCH INSTANT ACTION ABOVT CANDIDA a HOPE THAT BY NOW YOV WILL HAVE MET a YOVR BOOKLET MAKES ME LONG TO VISIT PORT MEIRION MORE THAN EVER a a BVT I GO TO CORNWALL THE WEEK AFTER NEXT & WILL BE THERE WITH JOHN PIPER REVISING A SHELL GVIDE TO THE DVCHY VNTIL THE TENTH OF NOVEMBER a a WHEN WINTER MISTS ARE SWIRLING ROVND SNOWDON. I HOPE TO BE ABLE TO ACCEPT YOVR INVITATION SO THAT WE CAN HAVE LONG TALK OF FRANK LLOYD WRIGHT (A SORT OF VOYSEY SVRELY?] WALTON & OTHER OLD FRIENDS a BEST WISHES TO YOV BOTH & TO ALL ARCHITECTVRE

JOHN B

Hwyrach nad oes undim dadlennol yng nghynnwys yr un o'r ddau lythyr, dim dyweder o'i gymharu â'r hyn a geir ambell waith yn y gyfrol o ohebiaeth Betjeman a olygwyd dro'n ôl gan Candida. Er hynny, y maent yn ychwanegiad diddorol i'r casgliad o lythyrau enwogion y mae gwraig awdur hyn o druth yn berchen arnynt ac fe'u mawr drysorir canys fe fyddwn yn fythol ddiolchgar eu bod, ers peth amser bellach, wedi eu trosglwyddo i'n gofal ni acw. Nid ei bod yn syndod yn y byd fod Mabli Owen yntau, yn ei ddydd, wedi gweld gwerth ynddynt, pe na bai ond am y ffaith fod llawysgrifen Betjeman – llythrennu *art nouveau* fel y galwai ef y peth – yn enghraifft mor wahanol. Ac onid yn y maes arbennig hwnnw yn anad yr un arall y bu diddordeb Mabli o'r cychwyn cyntaf?

O 'Manderley' i Gamlan

Fel Monwysyn brwd dydw i 'rioed wedi medru maddau i Daniel Owen, yr hen snichyn iddo, am y frawddeg ledenllibus honno, na fwriedir fel mater o egwyddor ei dyfynnu yma, sy'n rhoi cychwyn i *Enoc Huws*. Eithr o sôn am frawddegau agoriadol trawiadol ambell nofel, coffa da fel y swynwyd glaslanc chweched dosbarth ar ei brifiant llenyddol 'slawer dydd wrth i Islwyn Ffowc Elis ei gyflwyno i wlad Lleifior am y tro cyntaf: 'Yr oedd yr haf yn doreithiog yn Nyffryn Aerwen y flwyddyn honno . . .' Ychydig yn ddiweddarach wedyn yr oedd llawer i'w ddweud o blaid Marian Eames wrth iddi hithau agor *Y Stafell Ddirgel* inni: 'Daeth y canu a'r dawnsio yn ôl i Ffair Dynewid . . .' ac ati.

O droi at y Saeson byddai'n anodd rhagori ar frawddeg gyntaf Jane Austen yn Pride and Prejudice: 'It is a truth universally acknowledged that a single man in possession of a good fortune must be in want of a wife . . .' Doedd Charles Dickens yntau chwaith ddim yn gwbl amddifad o'r ddawn, er mai'r fwyaf cofiadwy ohonynt oll hwyrach yw eiddo Daphne du Maurier wrth agor ei nofel *Rebecca*. Prin bod angen dyfynnu: 'Last night I dreamt I went to Manderley again.'

Ychydig amser yn ôl – ac nid breuddwydio wnes i chwaith – fe gyrchais innau i Manderley. Byddai datgan inni gyrchu'n 'lled agos' i'r lle yn llawer cywirach. O leiaf fe lwyddwyd i gael cip ar rai o'i gyrn yn codi uwchlaw'r coed talgryf sy'n ei amgylchynu ym mhob cyfeiriad.

Bu carwriaeth oes rhwng Daphne a Chernyw. Teimlai bob amser fod yno flas y cynfyd. Câi ei hysgogi gan ei thirwedd; gallai lwyr ymgolli yn ei dirgelwch a'i hanes cyfriniol. Treuliodd y rhan helaethaf o'i blynyddoedd yn y darn gwlad hyfryd hwnnw o gwmpas Bae St Austel ac aber afon Fowey.

Roedd ei chefndir yn un eithaf breintiedig; ei thad, Gerald, yn actor enwog, yn un o eilunod cynnar y sinema y daeth i'w ran y cyfle i bortreadu cymeriadau fel Raffles a Bulldog Drummond. Ac onid ar ei ôl ef hefyd y bathwyd y brand arbennig hwnnw o sigarét – y *du Maurier*? Yn bedair ar bymtheg oed yn 1926 daethai hi a'i theulu ar wyliau i Gernyw, a dyna'r adeg y syrthiodd mewn cariad â Bodinnick ac y penderfynwyd prynu Ferryside, eu tŷ haf yno.

A hithau bob amser yn byw ym myd ei dychymyg a'i breuddwydion roedd natur ddigyfnewid Cernyw ynghyd â'r ymdeimlad o'i chysylltiadau â'r hen amseroedd yn apelio'n drwm at Daphne. Nid rhyfedd, felly, mai dyna'r fan a fu'n ysbrydoliaeth iddi ar gyfer nofelau fel *The Loving Spirit, Rebecca, Frenchman's Creek, My Cousin Rachel, Castle Dor* a *The House on the Strand*, i enwi dim ond dyrnaid.

Yng Ngorffennaf 1932, yn eglwys fechan Lanteglos, priododd â'r golygus Tommy Browning, yr uwchgapten ieuengaf yn y fyddin ar y pryd. Tua'r un adeg, wrth grwydro ar ei phen ei hun, fel y gwnâi bron yn feunyddiol ym mhob tywydd, daethai o hyd i Menabilly. Wedi ei godi yn ystod teyrnasiad Elisabeth I, safai'r hen dŷ y buasai iddo unwaith orffennol llewyrchus, yn ddiymgeledd yng nghanol y coed. Roedd tyfiant trwchus wedi tagu'r dreif a arweiniai ato, a'r borderi blodau yn yr un modd; roedd ei ffenestri dan gaeadau, gorchuddiai eiddew ei furiau ac ni ddôi mwg o'r un o'i simneiau. Roedd ei berchnogion fel pe baent wedi cefnu'n derfynol arno a'i adael yno'n wrthodedig a dirmygedig. I Daphne, fodd bynnag, roedd rhyw ddirgelwch rhyfedd o'i gwmpas a chanddi argyhoeddiad fod gan y Menabilly hwnnw lu o gyfrinachau i'w hildio.

Erbyn 1937 roedd hi'n treulio cyfnod gyda'i gŵr yn Alecsandria ac mewn pwl o hiraeth am gartre, dechreuodd ar y dasg o ysgrifennu *Rebecca*. Am Menabilly y meddyliodd hi'n syth gan fedyddio'r lle'n Manderley ar gyfer y nofel am ferch ifanc, cydymaith i Mrs Van Hopper yng ngwesty'r Cote d'Azur yn ne Ffrainc, a gafodd ei hysgubo oddi ar ei thraed gan y gŵr gweddw canol oed, Maxim de Winter. Wedi iddo ei phriodi a'i dwyn i'w gartref, buan y canfu hi nad oedd fawr o groeso iddi, yn arbennig gan Mrs Danvers, yr hen rasal honno o howsgipar, am fod ysbryd Rebecca, gwraig gyntaf de Winter, a foddwyd mewn damwain cwch, yn dal i hofran o gwmpas y lle.

Bu'r nofel yn llwyddiant digamsyniol, yn gymaint felly y gwnaed ffilm ohoni, un a enillodd wobr Oscar, a Laurence Olivier a Joan Fontaine yn chwarae'r prif rannau. Dyma glasur o ffilm a erys yr un mor afaelgar ac iasoer heddiw â phan rhyddhawyd hi gyntaf yn 1940.

Pan ddychwelodd Daphne i Gernyw, mynnodd berswadio'r perchennog i ganiatáu iddi hi a'i theulu rentu Menabilly. Ar y pryd ymddangosai'r syniad yn un cwbl hurt, ond wedi llafurio dygn a chaled, llwyddwyd i adnewyddu'r hen le bron i'w briod ogoniant. Symudwyd yno i fyw yn 1943 a bu'r lle'n gartref iddynt am y chwe blynedd ar hugain nesaf. Ond ar farwolaeth ei gŵr, gorfodwyd Daphne i ymadael â'r tŷ. Roedd yn gyndyn iawn o wneud hynny, ond bu'n rhaid iddi symud i

Kilmarth rhyw ddwy filltir i ffwrdd, ac yno y treuliodd weddill ei dyddiau hyd fis Ebrill 1989.

Dychwelwyd Menabilly i deulu'r perchennog gwreidd-iol, a siom sydd heddiw'n aros unrhyw un o edmygwyr du Maurier a fyn gyrchu i Gernyw yn y gobaith o gael mynediad, hyd yn oed yn wir o gael cip ar Manderley'r nofel. Mae'r tŷ unwaith eto'n gartref cwbl breifat, gatiau'r dreif yn gadarn ar gau, ac nid oes groeso i bererinion llenyddol. Yn wir, dim ond ei gyrn yn ymwthio drwy'r coed a welsom ninnau un nos Sul yng Ngorffennaf – digon, er hynny i'n galluogi i sawru ychydig o awyrgylch y lle. Mae'r ffordd sy'n mynd heibio'r stad yn un eithriadol gul ac roedd hefyd yn drwm gan haf wrth inni yrru ar hyd-ddi y noson honno. Ar un o'r troadau daeth car Cabriolet lliw arian ar wib i'n cyfarfod, a chael a chael fu hi. Ond fe gododd y gyrrwr ei law, yn lled ymddiheurol fel y tybiem, wrth fynd heibio. Dim ond un peth y llwyddais i sylwi arno wrth iddo ddiflannu fel Jehiw o'r golwg, sef ei fod yn arddel mwstas lled-filitaraidd. Nid . . . nid Maxim de Winter, meddyliais. Na, doedd bosib, er bod pethau rhyfeddach wedi digwydd yn eu dydd, decini?

Drannoeth, teithiem ar hyd yr A30 sy'n croesi unigeddau rhostiroedd Bodmin. Roedd gweddillion cyn-hanesyddol yn britho'r tirwedd ynghyd â slabiau anferth o gerrig yn pwyso ar ei gilydd i greu ffurfiau grotesg . . . Ar draws yr eangderau anghyffwrdd ymwthiai copa Rough Torr i'r awyr. Ar funud gwan dyma droi oddi ar y briffordd i gyfeiriad pentref Bolventor nes ein cael ein hunain, yn annisgwyl braidd, yn stablu'r cerbyd ar fuarth y Jamaica Inn. A dyna lle y penderfynwyd aros y noson honno.

O ganol y ddeunawfed ganrif ymlaen, galwai'r goets fawr heibio'n rheolaidd i'r dafarn hon, ac fe groesawai'r

teithwyr lluddedig y cyfle i gael gorffwys ychydig. Ond magodd y lle enw llai parchus oherwydd fe'i ddefnyddid fel cyrchfan hwylus i guddio'r contraband gwaharddedig a smyglid berfeddion nos o'r traethau rai milltiroedd i ffwrdd. Erbyn heddiw, wedi ei gynnull ynghyd yn yr amgueddfa fechan sydd yno, y gwelir y casgliad helaethaf ym Mhrydain o greiriau smyglo.

Roedd cymydog i deulu Daphne, Syr Arthur Quiller-Couch – 'Q' fel y'i hadwaenid – yn ffigwr o bwys ym myd llenyddol y cyfnod. Awgrymodd y byddai'n eitha' syniad i'w ferch, Fay, a Daphne farchogaeth ar draws Bodmin. A hwythau yn ifanc a gwirion, neidiasant at yr abwyd, ac yn 1930, ym mis Tachwedd o bob adeg, fe gychwynnwyd ar yr antur a fu bron â'u llethu. Roedd yn tynnu at bedwar o'r gloch y prynhawn, a hithau ar dywyllu, y tirwedd anghyfarwydd yn llwydaidd ddigroeso, y glaw yn dymchwel, a'r niwl tragwyddol yn cau amdanynt. A'r teithwyr ar goll. Â hwythau ar fin anobeithio, daethant ar ddamwain – ac er mawr ryddhad i'r ddwy – at y Jamaica Inn. Ac unwaith y gwelodd Daphne y dafarn roedd ei dychymyg byw ar waith yn syth. Gwyddai fod yno ddeunydd stori, a dyna esgor ar un o'i nofelau enwoca' a mwya' grymus.

Yn y nofel *Jamaica Inn* gwelir Mary Yellan, yn amddifad a digartref, ar farwolaeth ei mam, yn cyrchu'n betrus ar draws y rhostir diffaith i chwilio am loches yn y dafarn a oedd yn gartref i'w modryb. Ond mae hi'n canfod ar ôl cyrraedd fod honno druan yn ddrylliog ei hysbryd o dan fawd gormesol ei gŵr, Joss Merlyn, y teyrn gwyllt ei dymer a hynod arw ei wedd. Roedd y dafarn yn dywyll a digroeso ac anniben, a sawrai o esgeulustod byd a gâi ei reoli gan ddynion. Ac fe sylweddola'r eneth ar unwaith fod hyn yn gychwyn siwrnai i dywyllwch iddi hithau.Yn raddol, eithr yn gwbl sicr, caiff ei rhwydo i sefyllfaoedd na all obeithio dianc rhagddynt wrth iddi gael ei thynnu i mewn i fyd adwythig o gysgodion a reolir gan Joss Merlyn a'i gyd-gynllunwyr dieflig, fel y Parchedig Francis Davey, rheithor Altarnun. Fe'i brawychir gan yr hyn a wêl drwy ffenestr ei llofft un noson; caiff ei llorio gan ei theimladau wrth i berthynas ddatblygu rhyngddi a Jem, brawd ieuengaf ei hewythr, er y sylweddola'n burion y daw'r berthynas honno â llawn cymaint o boen ag o hapusrwydd iddi. Dyma nofel sy'n tystio mai yn ochr dywyll y seice yr oedd diddordeb ei hawdur, gwaith sy'n atgoffa'r darllenydd o glasuron fel *Jane Eyre* a *Wuthering Heights*. Nid rhyfedd chwaith i Alfred Hitchcock ei throi'n ffilm gan osod Maureen O'Hara yn y brif ran.

Doedd pethau ddim wedi newid rhyw hylltod pan dreuliasom ninnau noson yno. Roedd distiau nenfwd ein hystafell yn isel, y gwely pedwar postyn yn galed, yn anghysurus a chlawstrophobig. A chwythai'r gwynt diddiwedd arwydd y dafarn yn ôl a blaen fel petai'n ysgwyd corff ar grocbren. Ar ganol nos fe ddihunais yn sydyn. Gallwn daeru fy mod yn clywed sŵn rhywun neu rywbeth yn croesi'r sgwâr coblog islaw. Codais i frathu fy mhen drwy'r llenni ac awn ar fy llw i mi yng ngolau lled egwan y lleuad weld rhywrai ar frys yn dadlwytho trol nad oedd y pedwar ceffyl wedi eu dadfachu ohoni. Smyglwyr? Na, doedd bosib . . . Ond dacia! Dyma gwmwl rhyngof a'r lleuad nes cuddio'r cyfan. Nid bod unrhyw arwydd erbyn y bore pan aethom i lawr i frecwast fod undim anghyffredin wedi digwydd.

P'run bynnag, fe godwyd trywydd go wahanol trannoeth, trywydd honedig (hytrach yn haerllug yn ein tyb ni) a gysylltai'r Brenin Arthur â de orllewin Lloegr. Ar draws y ffordd o'r Jamaica Inn dyma sylwi ar fynegbost yn cyfeirio at rhyw Lyn Dozmary lai na milltir a hanner i ffwrdd. Beth oedd gan hwnnw i'w gynnig tybed? Doedd waeth cyrchu ato ddim. A dyna wnaed, dim ond i brofi dadrithiad digon chwerw. O ddyfnderoedd honedig diwaelod y llyn digon didramgwydd yr olwg hwnnw, fe haerwyd, y cododd y llaw i dderbyn Caledfwlch pan hyrddiwyd ef gan Bedwyr. Dôi disgrifiad T. Gwynn Jones o'r digwyddiad i'r cof:

Ond â'r llafn ar fynd i'r lli
Brychodd y dwfr a brochi;
Ar hyn o'r llyn cododd llaw
Gadarn, gan fedrus gydiaw
Yn ei ddwrn, ac yna ei ddal
Yn groes o dân a grisial,
Yna, â'r haul ar ei hyd
A deheurwydd drud wryd,
Codi'r cleddyf a'i chwifio
Gwaniad a thrychiad dri thro.

'Dim peryg' yn y byd!' taerem ninnau wedi ffromi'n bur aruthr. 'Tydi'r Saeson 'ma'n betha' digywilydd?' Onid i Lyn Garreg Wen, nid nepell o'r Port y bwriwyd Caledfwlch yn nychymyg fy ngwraig er pan oedd hi'n ddim o beth? Onid i Lyn Clegyrog yng ngogledd Môn yn fy nychymyg innau? Na, anodd credu'r fath haerllug-rwydd. A beth am yr honiad hurt fod Dozmary yn ddiwaelod? Celwydd noeth arall! Onid oedd o wedi sychu'n grimp yn ystod haf 1869 heb i neb weld olion o unrhyw gleddyf ar ei gyfyl?

Nid oedd hyn, gwaetha'r modd, ond dechrau gofidiau ynghylch dilyn trywydd Arthur yng Nghernyw. O fewn dim o dro roeddem wedi cyrraedd Dindagwl ble roedd gwaeth yn ein haros. Ni fyddai neb yn ei lawn synnwyr yn barod i ddadlau nad yw pentir Dindagwl a'i amrywiol adfeilion yn aruthrol fawreddog ac yn arbennig o ddramatig pan fo tonnau cynddeiriog yr Iwerydd yn golchi'i draed. Eithr pa Gymro gwerth ei halen a fyddai'n barod i lyncu'r honiad mai yno y ganed Arthur, y cyfarfu â Myrddin am y tro cyntaf, mai yno yr oedd Llys Camelot ac mai yn nyfroedd y rhaeadr yng Nglyn Sant Nectan, nid nepell oddi yno, y bedyddiwyd ei farchogion bob un cyn iddynt gychwyn ar yr ymgyrch beryglus honno i ddod o hyd i'r Greal Sanctaidd?

Ar derfyn yr ymweliad hwn, nid rhyfedd i ddyn gael camdreuliad go ddifrifol yn dilyn claddu dwy sgon wedi eu gorchuddio â hufen dwbl mewn bwyty gerllaw. Ond tueddai rhywun i amau ai'r byrbryd trwmlwythog o golestrol a achosai'r annifyrrwch yn gymaint â'r honiad-au di-sail a digywilydd yn yr arweinlyfr y buom yn pori ynddo. Oni wyddem yn amgenach mai yn Llanuwchllyn neu yng Nghaerllion ar Wysg (doedd wahaniaeth p'run cyn belled â'i fod yng Nghymru) yr oedd Camelot, waeth beth sydd gan chwedl *Culhwch ac Olwen* i'w ddweud am leoli Llys Arthur yng Nghelli-wig yng Nghernyw.

Druan ohonom. Doedd dim modd dianc, canys o fewn pum milltir daethom i Slaughter's Edge – Min y Lladdfa – ger Camelford. A hithau erbyn hynny'n smwcan bwrw glaw bu'r ddau ddiniweityn ag oeddem yn ddigon ffôl i dalu crocbris yn gyfnewid am y pleser amheus o gerdded oddeutu tri chwarter milltir ar draws dau neu dri o gaeau, y gwair at ein bogeiliau, i gyrraedd yr honedig Faes Camlan. A doedd yno ddim oll i'w weld wedi'r holl stryffîg, dim namyn catyn o lain o dir yr oedd drain ac ysgall, mieri a marchwellt wedi gorchuddio pob twll a chornel ohono. Roeddent am inni gredu mai yn y fangre ddiffaith honno yn ei frwydr waedlyd olaf un y clwyfwyd ac y cwympodd arwr mawr y Cymry. Onid oedd y garreg o'r chweched ganrif a'r arysgrif Ogam arni a orweddai ar lan afon Camel gerllaw yn brawf diymwad o'r hyn a haerwyd?

'Ond pwy sy'n iawn?' holem yn ddryslyd wrth bwyso ar lidiart ffordd a arweiniai at le o'r enw Camlan House ar gwr y coed. Os mynnai rhai leoli Camlan ger Camelford yng Nghernyw, roedd eraill yn mynnu lleoliad iddo yng Ngwlad yr Haf. Taerai Malory ei fod rywle ger Caersallog. A beth am farn haneswyr mwy diweddar sy'n dadlau o blaid safle ger Mur Hadrian?

Erbyn hynny daethai i lawio'n drymach a bu raid ei sgrialu hi'n ôl yn wlyb fel dau sbangi i glydwch y cerbyd ar y maes parcio.

'Pwy sy'n ceisio camarwain pwy?' holais yn ffwndrus. 'Rydw i'n mynd i hawlio fy mhres mynediad yn ôl gan bennaeth y shianti yma . . .'

'Waeth i ti heb,' plediodd fy ngwraig a oedd yn ddoethach ac yn fwy cymedrol. 'Fyddi di ronyn elwach 'sti.' Ond cyn gadael ni allwn ymatal rhag datgan, yn ddigon cwrtais cofier, wrth y dyn oedd biau'r drol yn Slaughter's Edge nad oedd ganddo'r un gobaith byth bythoedd i ddisgwyl i'r un Cymro yn unman gredu y fath ffiloreg.

Ond nid dyna ddiwedd ein stori oblegid wrth ddychwelyd adre drwy Ynys Wydrin (Glastonbury) ar derfyn ein pererindota, ceisiodd rhywun bydol-ddoeth ein hargyhoeddi mai i'r abaty yno y daethpwyd â gweddillion daearol Arthur druan er rhoi gorffwysfa dragwyddol iddynt. Yn sicr roedd angen mwy na phinsiad go sylweddol o halen i gredu hynny hefyd. A ninnau'n gwybod yn burion nad marw mohono. Onid oedd wedi datgan yn groyw yn dilyn ei glwyfo:

Mi weithion i hinon ha
Afallon af i wella
Ond i'm bro dof eto'n ôl
Hi ddygaf yn fuddugol
Wedi dêl ei hoed a dydd
Ei bri ymysg y bröydd.

Wrth gwrs nad marw mohono. Fe'n darbwyllwyd o hynny gan y sgwlyn yn ysgol y pentre 'stalwm. Roeddwn innau mewn cyngherddau mawreddog ar lawr Standard Ffôr fwy nag unwaith ar foreau Gŵyl Ddewi wedi cyhoeddi'n wlatgar a chydag arddeliad mawr mai 'yng nghyfrin ogo'r tylwyth teg', rywle 'wrth odre'r dal Elidir', yng nghanol ei farchogion dewr, y 'gorffwysa'r Brenin Arthur'. Gorffwyso wrth aros i'r gloch ganu ryw ryfedd ddydd a ddaw.

Eithr os cysgu y mae, fe daerwn i bellach ei bod yn hen, hen bryd iddo ddeffro, petai ddim ond deffro i wadu'r holl straeon camarweiniol y mae'r cymdogion sy'n byw am y Clawdd â ni mor barod heddiw i'w lledaenu amdano. Ond er ein bombardio am ddyddiau lawer gan heresïau ac athrawiaethau gau o'u bath, y cyfan ac iddo'r bwriad o godi amheuon a thanseilio ein ffydd, fe lwyddasom i groesi Pont Hafren yn gwbl gadwedig a'n cred yn ddi-sigl.

Wedi dweud hynny, y mae rheidrwydd arnom i gydnabod un peth, beth bynnag a ddywedir amdanynt, fod ein cefndryd Celtaidd lawr tua'r Cernyw 'na, boed awduron storïau am Arthur hyd at Daphne du Maurier, yn berchenogion dychymyg eithriadol fyw! Er mai'r perygl mawr yw y gallent hwythau daflu'r un cyhuddiad yn ôl ataf innau. Wedi'r cyfan, rhaid i ddyn gofio mai dim ond y genau glân yn wastad all ganu'n glir.

Obsesiwn?

Ai yng ngholofn y Colyn Pigog, sef Colin B. Jones, yn *Y Cymro* y gwelais i'r cyfeiriad tybed, er na fynnwn ar unrhyw gyfrif wneud cam â'r trychfil hwnnw os yw'n ddieuog, yn un o'r wythnosolion Cymraeg beth bynnag, a does dim gormod o'r rheini.

Rhyw dueddu yr oeddid i fod yn bur sarhaus o bobl Porthmadog, yn wir i'w cymryd yn eithaf ysgafn. Tra bod pethau erchyll a rhyfedd ac ofnadwy, taerwyd, yn digwydd ledled yr hen fyd yma 'dyw trigolion prif dref cwmwd Eifionydd ddim yn malio. Maent fel petaent yn byw yn eu byd bach cyfyng eu hunain ac a chonsýrn ganddynt am na neb na dim ond am hynt a helynt y pâr

o weilch y pysgod a ddaeth yn ddiweddar i nythu ar lannau Glaslyn. Mae'n ddiddordeb obsesiynol afiach – dyna'r cyhuddiad.

Ond chwarae teg. Onid oedd yr aderyn ysglyfaethus-lygadcraff, y mae lled ei adenydd yn bump troedfedd, wedi diflannu'n llwyr o'r Deyrnas Gyfunol erbyn dechrau'r ganrif ddiwethaf yn dilyn blynyddoedd maith o erledigaeth? Mae'n wir iddo ddychwelyd i'r Alban yn 1954 ond bu raid aros am hanner canrif arall cyn y dychwelodd i Gymru oblegid roedd hi'n 2003 cyn y cyrhaeddodd y Traeth Mawr. A mawr y llawenydd pan ddaeth. Ac onid ein rhesymol ddyletswydd ninnau wedyn oedd ei groesawu'n frwd?

Daeth pâr i nythu ger Glaslyn yn 2004 ond bu trychineb. Bu farw'r ddau gyw pan gwympodd y nyth mewn gwyntoedd cryfion, eithr byth ers hynny fe ddychwelasant i'r un fan bob blwyddyn i fagu teulu – a chawsant eu gwarchod yn od o ofalus. Prin bod y peth yn obsesiwn gennym chwaith, er bod catrodau o sbecwyr wedi cyrchu'n feunyddiol i'r Arsyllfa yn ystod y tymor nythu i'w hastudio ac i ddotio atynt. Erbyn hyn mae cyfanswm yr ymwelwyr a fu yno yn tynnu'n agos at ddau gant o filoedd ac afraid dweud, 'run pryd, fod hynny wedi bod yn hwb sylweddol arall i'r diwydiant ymwelwyr.

Nid bod yn rhaid i ni'n dau acw chwaith gyrchu yno i'w gweld oblegid un bore ddiwedd Ebrill dro'n ôl a thra bod ei fisus o'n gori ar y nyth, fe welodd y penteulu'n dda i ddod i edrych amdanom ym Mhorth-y-gest, er iddo gyrraedd yn anarferol, bechadurus o gynnar hefyd. A bod yn gwbl onest, a hithau ddim ond hanner awr wedi chwech, yn awr ry annaearol anaddas i bobol ddiarth alw, doeddwn i ddim wedi rhoi'r un ystyriaeth i ymysgwyd o'm gwâl.

Ond cystal egluro. Yn ystod y blynyddoedd diwethaf

hyn bu i'r cae sydd union gyferbyn â'n tŷ ni acw droi yn hynod wlyb. Lle gynt yr oedd gweirglodd digon ir, y mae heddiw gors gyda'r rhan helaethaf ohoni, yn arbennig yn ystod misoedd y gaeaf, dan ddŵr, ac yn gynefin hwylus i'r amrywiaeth ryfeddaf o adar y gwlyptir.

Eistedd yn fy ngwely yr oeddwn i, o'r braidd wedi llwyr ddeffro, pan sylwais drwy'r ffenest arno'n dod i orffwys yn ddramatig ar un o frigau ucha'r goeden sydd yn tyfu ddim ond tafliad carreg i ffwrdd oddi wrthym. A dyna ple bu am oddeutu munud neu ddau yn craffu ar y dŵr islaw iddo cyn plymio wedyn ar gyflymder rhyfeddol i sgimio ar hyd yr wyneb, gan godi eilwaith a'i hanelu hi wedyn rhwng Min-y-môr a Glanaber i gyfeiriad y traeth.

Doedd o erioed wedi disgwyl codi'r un pysgodyn o'n pwll bach didramgwydd ni, debyg, oblegid does dim pysgod ynddo; onid hwyrach ei fod wedi llygadu sliwen yn symud rywle er na sylwais fod yr un ysglyfaeth yn ei grafangau wrth iddo godi chwaith. Bu o'r golwg am bum munud da cyn y gwelwyd o eilwaith yn hofran uwchben, ond o fewn dim o dro roedd yn hedfan yn hamddenol urddasol dros Goed y Borth, i gyfeiriad Llyn y Garreg Wen o bosib', gan ddiflannu'n derfynol wedi hynny.

Fe ddychwelodd i'r union fan ar yr union adeg fore trannoeth yn ogystal, er na welwyd mo'no wedyn. Tebyg fod y cyfrifoldeb trwm o fagu a chadw teulu yn pwyso arno fel mai prin fod ganddo'r amser na'r awydd i ddod i gymowta ar siwrnai seithug i lawr atom ni i Forth-y-gest. Onid oedd helfa frasach a seigiau mwy danteithiol i'w cael yn Nwyryd, neu Lyn yr Adar, Llyn Mair, Llyn Cwellyn a Llynnoedd Trawsfynydd a Thanygrisiau? Er hynny, fe'n hystyriem ein hunain yn dra breintiedig o fod wedi cael ei gwmni, petai ddim ond am ddwy ysbaid fer ar ddau fore braf yn olynol ddiwedd Ebrill y flwyddyn honno; a hir hefyd y cofir am y fraint.

Eithr profiad hylltod lai pleserus oedd yr un a gaed rai dyddiau'n ddiweddarach er mod i'n prysuro i ychwanegu nad yn fy ngwely yr oeddwn ar yr achlysur hwnnw chwaith. Digwydd edrych drwy'r ffenest unwaith eto a sylwi fod cynffon hir o gerbydau wedi dod i sefyll yr holl ffordd i lawr yr allt i'r pentre. Beth oedd yn bod tybed? Roedd hi'n dipyn o dagfa o'r ddau gyfeiraid – dim oll yn symud. A dyna agor drws y ffrynt i archwilio beth oedd yn achosi'r broblem.

O'r braidd y gallwn i gredu'r peth! Ar fy ngwir, beth welwn i'n ei throedio hi'n dalog, ddigywilydd ar ganol y lôn, yn hamddenol, gwbl ddihidio am yr holl anghyfleustra a achosent i fodurwyr prysur a rhwystredig, ond hwyaden wyllt ynghyd â dyrnaid o'r cywion melynion bach pertaf erioed wrth ei chwt. Ac nid dinasyddion eilradd mohonynt, roedd hi'n amlwg. Ryfygodd yr un gyrrwr i ganu ei gorn i'w herlid yn ddiamynedd o'r ffordd – dim ond ymatal yn bwyllog i aros i'r teulu bach, a hynny heb na brys na braw, dealler, i wneud eu ffordd i derfyn eu taith wrth droi i'r dde a chroesi safle parcio cerbydau Glyn Williams i gyrraedd yr afonig sydd ar gyrion y llecyn hwnnw.

Ond o feddwl, doedd hi fawr o syndod fod popeth wedi dod i sefyll er rhoi tragwyddol rwyddineb iddynt i gyrraedd diogelwch. Onid oedd ymddangosiad nythai cynta'r flwyddyn yn yr ardal yn arwydd digamsyniol ar derfyn gaeaf a fu'n un mor hir, fod y gwanwyn ar gerdded? O fewn cwta ddeng munud, â'r drafnidiaeth erbyn hynny'n llifo'n rhwydd drachefn, yr oedd y teulu bach i'w gweld yn nofio'n braf ar draws ac ar hyd y llyn gyferbyn â ni.

Gwaetha'r modd, nid dyna ddiwedd y stori. Wedi cinio euthum am dro gan gyrchu hyd at lethrau Moel-y-gest. Tybed a lwyddwn i i glywed y gog? Er ei bod hi efallai fymryn yn gynnar hefyd. P'run bynnag, pan ddychwelais i'r tŷ cefais fy ngwraig bron hyd at ddagrau. Newydd edrych drwy'r ffenest yr oedd hithau dim ond i sylwi ar ryw hen frân dyddyn farus yn disgyn ar un o'r cywion ac yn ei gipio i ffwrdd yn ei chrafangau trachwantus. A chyn nos roedd y gweddill, hwythau drueiniaid, wedi dioddef yr un dynged gan adael mam drafferthus mewn dirfawr alaeth i duthian i mewn ac allan o'r manfrwyn i alw'n ofer am oriau amdanynt.

Doedd gen i ddim ond dygn obeithio na ddigwyddai tynged gyffelyb i un o deulu bach gweilch y pysgod, beth bynnag; a gobeithio yr oeddwn i ar derfyn haf y flwyddyn honno y gwelai'r penteulu'n dda, petai ddim ond am unwaith yn rhagor, i alw heibio i ni yn y Borth acw cyn iddo gychwyn ar ei daith o dair mil a hanner o filltiroedd i orllewin Affrica i aeafu. Erbyn hynny byddai ei faglau wedi eu torri a'i draed yn gwbl rydd am fod y plant a fagwyd ac a fwydwyd ganddo mor gydwybodol dros y misoedd wedi hen fynd dros y nyth. Yntau yr un pryd wedi ymryddhau o orfod gwrando ar hewian tragwyddol ei gymar, canys ni fyddai'n gweld yr un golwg arni hithau

chwaith nes byddai'r ddau yn ailgyfarfod i baru ar ôl cwblhau eu taith, yn ddiogel gobeithio, yn ôl i lannau Glaslyn y gwanwyn dilynol.

Ond ddaeth o ddim ac roedd hynny'n drueni. Fe fuasai wedi bod yn ddymunol cael y cyfle i ffarwelio. Y flwyddyn nesa' hwyrach bellach . . . pwy a ŵyr? Nid bod gen i obsesiwn ynghylch y peth, cofier! Ac oes, y mae digon o bethau eraill sy'n digwydd yn yr hen fyd yma i ddyn boeni yn eu cylch.

Cartŵn

O bryd i'w gilydd mae'n arfer gan Gwmni Rogers Jones, sydd â'i bencadlys ym Mae Colwyn, i gynnal yr hyn a elwir ganddo 'The Welsh Sale', pan roddir ar ocsiwn nifer helaeth, yn wir gymaint â 177 yn arwerthiant Medi 2005, o weithiau arlunwyr y mae iddynt gysylltiadau Cymreig. Nid yn annisgwyl, hwyrach, bydd enwau mwyafrif yr arlunwyr hynny yn rhai tra chyfarwydd – Kyffin Williams, Charles Tunnicliffe, William Selwyn, Ceri Richards, Wil a Wilf Roberts, Keith Bowen, Warren Williams, Joseff Herman, Donald Mc Intyre, Gwilym Prichard, Karel Lek a Harry Hughes-Williams, ynghyd â nifer o rai eraill.

Allwn i, am ryw reswm, ddim mynd i'r un a gynhaliwyd fore Sadwrn, y mis Medi hwnnw. Roedd rhywbeth arall, na alla i ar y funud gofio'n union beth, chwaith, yn hawlio rheitiach sylw, ond bu rhywun tra meddylgar a charedig, o wybod am fy ngwendid, yn ddigon ystyriol i wthio'r catalog drwy'r twll llythyrau.

Oedd yn wir, yr oedd yr arlwy arferol yn cael ei chynnig yn seigiau hynod flasus i demtio'r cryfaf sy'n ymddiddoroi yn y cyfryw bethau. Rhoddais bopeth o'r neilltu yn y fan a'r lle tra bûm wrthi'n ddeheuig am yr awr dda nesaf yn mynd â chrib mân drwy'r rhestr. Sylweddolwn, wrth reswm, y byddai prisiau'r mwyafrif ohonynt ymhell o'm cyrraedd i druan, er fy mod drachefn a thrachefn, yn mynnu dychwelyd at Rif 27 ar y rhestr.

Roedd yr eitem honno'n cynnwys tri pheth oedd i fynd gyda'i gilydd – dyfrlliw gwreiddiol gan E. Meirion Roberts, sef cartŵn o D. Tecwyn Lloyd, print gan yr un arlunydd, eto yn portreadu Tecwyn Lloyd yn ei amrywiol agweddau, ynghyd â *Darlun o'r Arlunydd*, cyfrol liwgar a olygwyd gan Robert Owen a John Gruffydd Jones a gyhoeddwyd gan Wasg Gwynedd yn 1995, deunydd oedd yn bwrw golwg ar waith a chyfraniad nodedig y diweddar arlunydd dawnus hwnnw E. Meirion Roberts.

Allwn i ddim maddau a dyma godi'r ffôn i holi'r arwerthwr beth tybed oedd yr amcan bris arnynt. Ac yn wir fe'm siomwyd ar yr ochr orau – rywbeth hyd at bedwar ugain punt dyfalwyd, swm a oedd i'm tyb i yn un rhesymol isel. A dyma adael cynnig yn syth amdanynt, eithr gan dreulio'r deuddydd nesaf ar bigau'r drain gan na theimlwn fod seiliau rhy gadarn i'm gobeithion. Digon posib y byddai rhywun cefnog yn cynnig dwbwl drebal fy nghynnig pitw i, bernais, er na allwn i gredu 'nghlustiau dros y ffôn trannoeth o ddeall fod y morthwyl wedi'r cyfan wedi'i daro o'm plaid a hynny am swm nad oedd ond fymryn yn uwch na'r amcan bris.

Ond tybed a oeddwn i wedi prynu cath mewn cwd? Diau mai rhywbeth ffôl a thra anghyfrifol oedd cynnig am unrhyw eitem heb yn gyntaf wneud ymchwiliad manwl ohoni i ganfod i ddechrau beth oedd ei chyflwr. Ond unwaith eto roedd rhyw ragluniaeth o'm plaid, canys wrth fynd i'w casglu canfyddwyd fod y tri pheth mewn cyflwr ardderchog, yn arbennig felly y cartŵn gwreiddiol. Ynddo fe welir Tecwyn Lloyd mewn pâr o welingtons gwyrddion yn eistedd ar dwmpath o gerrig a gwn dau faril o dan ei gesail, tra bod cwningod, ac o bosib ysgyfarnogod yn crechwenu wrth redeg yn bowld o'i gwmpas a chyda ffesantod a hwyaid gwylltion, yr un mor ddigywilydd, yn gwibio'n herfeiddiol uwch ei ben, am ei fod ef wedi llwyr anghofio am eu bodolaeth wrth ymgolli mewn cyfrol ar Saunders Lewis. Ar gefn y llun, mewn pensil, wele'n ysgrifenedig yn llaw ei wraig Gwyneth: 'Cyflwynwyd i D. T. Ll. mewn cyfarfod wedi ei drefnu gan Gylch Llenyddol Bro Glyndŵr ar 20 Chwefror 1990 yn hen Ysgol Tŷ Dan Domen, (Y Cyfnod heddiw). Cyfarfod oedd hwn i'w longyfarch ar dderbyn anrhydedd gan Brifysgol Cymru – gradd D. Litt.' Hwyrach, gyda llaw, y dylid ychwanegu fod lluniau o'r union achlysur hwnnw yn Neuadd y Cyfnod, y Bala, wedi eu cynnwys yn y gyfrol *Bro a Bywyd D. Tecwyn Lloyd 1914–1992*, a olygwyd gan

Elwyn Edwards ac a gyhoeddwyd gan Gyhoeddiadau Barddas 1997.

Er bod rhyw elfen o dristwch mawr yn y stori rywsut. Yn ôl pob tebyg, ar farwolaeth ddisymwth gweddw D. Tecwyn Lloyd ym mis Mawrth 2005, ac fel sy'n digwydd yn ein hanes ni oll, yn hwyr neu'n hwyrach, cawsai cynnwys y cartref ei chwalu. A dyna, y mae'n fwy na thebyg, yn dilyn yr hyn a elwir mewn cylchoedd ffasiynol yn *house clearance*, sut y gwelodd eitemau Rhif 27 eu ffordd i Arwerthiant Rogers Jones ym Mae Colwyn rai misoedd yn ddiweddarach.

Ond synnu yr ydw i braidd na fu ymryson mwy ffyrnig amdanynt ymhlith Cymry llengar, neu'n wir rai o aelodau Cymdeithas Bob Owen y diwrnod hwnnw. Ple roeddynt tybed? Ac onid dyna hefyd union dynged nifer o'r cyfrolau gwerthfawr oedd yn rhan o'i lyfrgell – eu gwerthu'n ddigon rhad mewn arwerthiannau eraill? Oni ddylai rhyw ganolfan treftadaeth rywle yn Sir Feirionnydd fod wedi mynd amdanynt, neu hwyrach y Llyfrgell Genedlaethol? Wedi'r cwbl roedd Tecwyn Lloyd, ym marn y rhai a ddylai wybod, ymhlith sgrifenwyr Cymraeg gorau'r ganrif ddiwethaf. Petai o ac E. Meirion Roberts yn Saeson fe fyddai'r hanes yn bur wahanol, does dim dwywaith am hynny.

Nid 'mod i'n cwyno gormod chwaith, canys rwy'n dal i daeru i mi'n bersonol gael bargen dda. Mae'r cartŵn gwreiddiol hwnnw yn grair a fydd yn sicr o gael cartref lle'i gwerthfawrogir yn Eifionydd am rai o'r blynyddoedd nesaf, yn arbennig o gofio fod iddo *such excellent provenance*, chwedl pobol grand y trêd yr ochr arall i'r clawdd 'na.

Portread annheilwng

Cyd-ddigwyddiad oedd o. Digwyddem yrru drwy Gorwen ar ein ffordd i Stratford i weld cynhyrchiad o ran gyntaf y ddrama *Harri IV* a dyna'r tro cyntaf i ni weld y cerflun mawreddog i goffáu Owain Glyndŵr a osodwyd ar y sgwâr yno. Tipyn rhagorach na'r corrach disylw ac anolygus a'i rhagflaenodd yn yr union lecyn, penderfynwyd. Yr un pryd cofiem fod Glyndŵr yn un o gymeriadau allweddol rhan gyntaf y ddrama yr oeddem yn cyrchu i'w gweld. Ond sut bortread gâi ei gyflwyno o arwr mawr y Cymry ar lwyfan y Theatr Goffa y tro hwn tybed, dyfalem. Waeth cyfadde ddim nad oeddem wedi gwirioni ar ambell gynnig a gaed mewn ambell gynhyrchiad yn y gorffennol beth bynnag; eithr mwy am hynny yn y man.

Gellir casglu oddi wrth rai o'i ddramâu fod Shakespeare yn eithaf hoff o'r Cymry. Yn wir, mae sôn ei fod wedi adnabod nifer ohonynt cyn iddo 'rioed feddwl am lunio'r un ddrama. Roedd nifer da wedi ymsefydlu yn Stratford ac yn rhai o drefi eraill Swydd Warwick erbyn canol yr unfed ganrif ar bymtheg, a daethai yntau, siŵr o fod, yn gyfarwydd â'u hacenion ac â'r idiomau dieithr (dieithr iddo fo) a frithai eu siarad. Tystia un o'i gofianwyr cynnar wedyn, John Aubrey, mai un o lawia' pennaf yr W.S. ifanc oedd mab y bwtsiar lleol, un Griffin ap Robert, Cymro arall mae'n ddiamau. A dyna Thomas

Jenkins, prifathro ysgol ramadeg y dref yn ystod blynyddoedd ffurfiannol y dramodydd a ddysgodd iddo hynny o Ladin ac o Roeg a fu ganddo. Un o Gymry Llundain oedd Thomas Jenkins, gŵr gradd o Rydychen. Mae'n debyg iddo yntau gael peth dylanwad arno ac iddo sôn rhyw gymaint am Gymru wrtho. Ar Thomas Jenkins, o bosib, y modelodd Shakespeare yn ddiweddarach gymeriad Syr Hugh Evans, y person a'r ysgol feistr sy'n ymddangos yn y *Merry Wives of Windsor*.

Nid yn unig yng nghyfnod ei ieuenctid, ond wedyn yn Llundain fe gyfarfu â nifer o Gymry, rhai ohonynt yn eu dydd yn wŷr o ddylanwad, pobl fel Syr John Salisbury a'r brodyr Hugh a Thomas Myddleton. Drwy ei gysylltiad â rhai o'u bath fe gafodd gyfle pellach i astudio cymeriad y Cymro.

Rhyw hanner dwsin o gymeriadau yn y canon Shakesperaidd sy'n Gymry, ac at ei gilydd fe'u cyflwynir oll mewn goleuni eithaf ffafriol. Nid bod gan eu hawdur fawr o ddewis rywsut chwaith yn hynny o beth. Byddai'r dramâu'n cael eu perfformio'n rheolaidd yn y llys o flaen y Frenhines ac o gofio fod gwaed Cymreig yn llifo drwy wythiennau Elisabeth I roedd yn rhaid iddo wylio'i drwmbal neu fe fyddai yn abal a byw arno!

Dyna'r Capten yn y fyddin Gymreig yn *Rhisiart II* i ddechrau. Mab i'r Tywysog Du yr ymladdasai'r Cymry mor frwd o'i blaid ym mrwydr Crecy oedd Rhisiart, eithr brenin gwan. Ar ddechrau'r ddrama gwelir ef yn alltudio dau o'i uchelwyr, Thomas Mowbray a Harri Bolingbroke (Harri IV yn ddiweddarach) am gweryla ac yna'n troi ei olygon yn 1399 i gyfeiriad Iwerddon i dawelu gwrthryfel yno; ond tra bod y brenin i ffwrdd mae Bolingbroke yn dychwelyd i hawlio'r goron a'i ddiorseddu. Disgwylir i'r brenin lanio yng Nghymru ar ei ffordd yn ôl ond mae'n hwyr yn cyrraedd ac y mae'r fyddin Gymreig o ddeng mil a fu hyd hynny yn ffyddlon iddo yn pallu aros ac yn gwasgaru. A dyna fyrdwn yr ymgom rhwng Iarll Salisbury a'r capten yn y ddrama. Nid bod y capten hwnnw yn gymeriad pwysig chwaith ond fe'i cyflwynir i ni fel creadur ofergoelus eithr hynod o deyrngar, darlun a ffitiai i'r dim i syniad Shakespeare am y Cymry ar y pryd.

Cymeriad ymylol, fel y crybwyllwyd, yw Syr Hugh Evans yn *The Merry Wives of Windsor* hefyd. Fe'i cyflwynir inni yng nghwmni'r Ustus Shallow a'i gyfaill Slender. Un sy'n chwennych bod yn boblogaidd ydyw drwy gyflawni mân gymwynasau â phobl, neu drwy weinyddu priodasau ac wrth dorri dadleuon rhwng cymdogion. Mae rhyw graffter yn ei nodweddu, craffter y Cymro ymhlith Saeson; mae'n caru heddwch, yn gas ganddo glebar a hel straeon, yn ddoeth, yn ystumddrwg, yn berchen llawer o synnwyr cyffredin, yn ŵr cywir ond pedantig; ac yn hoff iawn, iawn o gaws! Yn wir, yn ôl y beirniad Hazlitt mae'r person o Gymro yn gymeriad ardderchog ac fe'i cyflwynir bob amser yn y ddrama gydag acen Gymreig ddofn.

Yna'r ddrama fawr *Harri V* sy'n epig mewn deialog neu fel y dywedodd rhywun amdani yn anthem genedlaethol mewn pum act a'r brenin ynddi yn cael ei gyflwyno fel anfonedig nef. Deunydd ydyw sy'n llawn rhethreg gyda'r farddoniaeth ar ei haruchelaf – *willpower* ar ei orau a mwyaf grymus.

Y mae cyfeiriadau ynddi sydd o ddiddordeb i'r Cymro. Yn wir, fel Cymro y mynnir cyflwyno'r brenin ei hun unwaith neu ddwy, er mai'r unig sail dros wneud hynny oedd ei fod wedi ei eni yng Nghastell Trefynwy. Ynddi hefyd y cwrddwn â'r ardderchog Fluellen, sy'n swyddog ym myddin y brenin; ac ni fu erioed Gymro mwy eofn a gwlatgar na neb a fu'n fwy eiddgar i amddiffyn anrhydedd tragwyddol ei genedl. Bu'n ffefryn mawr ymlith cynulleidfaoedd ar hyd y cenedlaethau. Mae Fluellen a'r brenin wastad ar delerau da. Ef yw'r amlycaf yn y grŵp o gapteniaid a oedd wedi ymuno â'r ymgyrch a fyddai'n cyrraedd penllanw gogoneddus ym mrwydr enwog Agincourt yn erbyn y Ffrancwyr ar ddygwyl Sant Crispin. Mae'n greadur mentrus, byrbwyll, gwyllt ei dymer ar y naill law, hoffus, diwylliedig, gŵr o anrhydedd ar y llall – un a wyddai bopeth am dacteg rhyfel, a pharch mawr ganddo at reolau a disgyblaeth. A golygfa ddifyr yw honno pan welir yr hen gono yn troi'r byrddau ar Pistol ac yn dysgu gwers iddo am wawdio popeth Cymreig. Caiff y pechadur ei orfodi i lyncu'r genhinen y buasai wastad mor amharchus ohoni.

Cymro arall a bortreadir gan Shakespeare, er nad oes iddo ran amlwg iawn yn y gweithgareddau, yw Harri, iarll Richmond, sef Harri VII yn ddiweddarach – o linach Tuduriaid Penmynydd. Yn wir, ac yn wir, mae'n hyfryd gallu nodi na ellir cael gwared o bobl Môn hyd yn oed o gynnyrch y prif ddramodydd! 'His head by nature fram'd to wear a crown' meddir amdano yn *Harri VI*. Ac fe wireddir y broffwydoliaeth honno yn y ddrama *Rhisiart III*, y llofrudd hwnnw yr oedd gwaed ei ragflaenwyr ac eiddo'r ddau dywysog ifanc yn y Tŵr, ac ambell un arall hefyd, os gwir y sôn, yn staen ar ei ddwylo. Gwelir Richmond yn casglu byddin ynghyd, a daw ef a Rhisiart wyneb yn wyneb â'i gilydd ar Faes Bosworth. Pan godir coron Rhisiart oddi ar y fiaren, yn y fan honno daw Rhyfel y Rhosynnau i ben, ac i gyfeiliant clychau a sŵn gorfoledd mawr gwelir Cymro wedi arwain byddin Gymreig yn esgyn i orsedd Lloegr.

Mae'n wir dweud felly fod Shakespeare, er hwyrach yn annisgwyl, fel petai wedi mynd ati i lunio cymeriadau sy'n ymgorffori holl rinweddau honedig cenedl y Cymry.

Dynion o egwyddor ydyn nhw bob un – y capten teyrngar, Syr Hugh Evans, y gŵr crefyddol, hirben, craff a'r Fluellen gonest, bonheddig, gwlatgar.

Eithr beth am Owain Glyndŵr fel y portreadir ef yn rhan gyntaf y ddrama *Harri IV*? Ar ddechrau'r chwarae gwelir fod blynyddoedd cynnar teyrnasiad y brenin yn rai llawn cynllwynio bradwrus yn ei erbyn, gyda'r Albanwyr dan arweiniad Iarll Douglas yn annheyrngar yn y gogledd a thra bod y Cymry yn y gorllewin dan arweiniad Glyndŵr yn ddraenen bigog yn ei ystlys. Yn wir yn y siarad amdano yn y llys rhoddir yr argraff fod y sefydliad Seisnig yn ofni'r Cymro ac yn ei ystyried gyda rhyw arswyd a pharchedig ofn.

Mae Edmund Mortimer, un o arglwyddi'r gororau, yn priodi merch Glyndŵr ac y mae Henry Percy – Hotspur fel y'i hadwaenir, mab Iarll Northumberland – yn ymuno â hwy, ac mewn golygfa a leolir mewn ystafell yn nhŷ'r Archddiacon ym Mangor, mae'r tri yn cyfarfod i esgor ar gynllwyn i ddiorseddu'r brenin ac i rannu ei deyrnas rhyngddynt. Ond dydi Hotspur a Glyndŵr ddim yn ieuad cymharus, y naill yn greadur gwyllt ei dymer ac ymarferol, a'r llall yn gyfrinydd a breuddwydiwr; a cheir gwrthdaro rhyngddynt.

'Mae gan y brenin achos i'm hofni i,' ymffrostia Glyndŵr, gan alw i gof amgylchiadau rhyfedd ei eni pryd yr honnwyd yr ymddangosodd y gomed honno yn y ffurfafen, ac ati. Anghytunant eilwaith pan ddygir map gerbron wrth iddynt drafod sut i rannu'r deyrnas yn gyfartal, gyda Glyndŵr yn od o sensitif i unrhyw feirniadaeth arno. Dangosir ei hoffter o gerddoriaeth ac o farddoniaeth a chyferbynnir hynny â philistiaeth y Sais.

Ar ddiwedd yr olygfa y mae gwraig Mortimer, sef merch Glyndŵr, yn ymddangos, ac y mae hi a'i thad, er mawr rwystredigaeth i Mortimer am nad yw yn eu deall, yn cynnal ymgom rhyngddynt yn y Gymraeg. (Mae'n wir nad yw'r Gymraeg yn y testun gwreiddiol, dim namyn cyfeiriad at y ffaith fod deialog yn cael ei chynnal rhwng y ddau.) A chyn i'r tri arweinydd wahanu y mae hi'n canu alaw Gymreig yn ysgafn gyda phen ei gŵr yn gorffwys ar ei harffed.

Fel rhyw ddewin gydag elfen o ddirgelwch goruwch-naturiol bron o'i gwmpas y cyflwynir Glyndŵr inni gan Shakespeare felly. Fe'i portreadir fel un oedd yn berchen delfrydau uchel a chymeriad nad oedd unrhyw amheuaeth ynghylch ei ddewrder, ei ddysg, ei wybodaeth na'i haelioni.

Uchel, gan hynny, ein disgwyliadau ninnau wrth gamu i gyntedd y Theatr Goffa y noson honno. Pwy tybed fyddai yn portreadu Glyndŵr, a sut y byddai wedi ei gyfarwyddo i fynd ati i ddehongli'r rhan? Eithr y fath siom a'r fath ddadrithiad chwerw oblegid nid arwr y golofn fel ei gwelir yn marchogaeth yn llwyddiannus ar sgwâr Corwen wedi'r cwbl a ddaeth i'r llwyfan. Ymddangosodd Glyndŵr ger ein bron â golwg ddigon aflêr a di-raen arno. Gwisgai grys di-goler agored, un a fu unwaith yn wyn, gyda llodrau neu glos brown a rhyw fflachod o 'sgidiau o'r un lliw am ei draed. Roedd yn union fel pe bai newydd ei dynnu drwy ddrain neu ar ôl bod yn agor traeniau yn rhywle, neu godi mawn, neu chwalu tail, neu deneuo rwdis! Doedd ei lefaru ddim yn eglur na hyglyw bob gafael chwaith. Mewn gair, doedd 'na'r un iot o bresenoldeb nac o garisma ar ei gyfyl.

Gwaeth fyth y brebliach rywbeth oedd i fod yn y Gymraeg. Fasa waeth iddo fod mewn Serbo-Croateg ddim am a ddeallem ni, a doedd undim yn fwy trist na thrychinebus na phan ddaeth merch Glyndŵr i ganu'r alaw mewn Cymraeg honedig. Swniai'n debycach i ryw dafodiaith Arabaidd neu Gwrdistanaidd nag i rywbeth yn iaith y nefoedd. A'r cyfan, dealler, ar waetha'r honiad balch a oedd yn argraffedig yn y rhaglen:

> Welsh song *Fy Ngahriad* (My love) by Sianed Jones.
> Extract from *Gwreiddiau* by Mererid Hopwood
> with kind permission of the author.

Druan o'r Prifardd Hopwood! Ni ddarniwyd ac ni lofruddiwyd gwaith yr un bardd o Gymro neu o Gymraes yn llwyrach ac effeithiolach gan undyn byw yn unman erioed nag a wnaed y noson honno ar lwyfan y Theatr Goffa yn Stratford-upon-Avon. Yr un pryd roeddem ninnau'n dwys ofidio na chawsom y fraint o weld Hugh Griffith, Marian-glas, y Monwysyn ardderchog hwnnw, yn portreadu Glyndŵr fel y gwnaeth mor ragorol yng nghynhyrchiad 1951 pan dystiodd un beirniad, 'The romantic Welsh interlude was one of it's greatest moments'. Ac yr oedd Richrad Burton yntau yn cymryd arno fantell y Tywysog Hal yn yr un cynhyrchiad. Cewri oedd ar y ddaear yr adeg honno. Eithr rhad ar un 2007. Roedd rhywbeth mawr o'i le rywle.

Wele ninnau drannoeth yn troi'n ôl yn siomedig a dadrithiedig am adre. Rywle ar gyrion Corwen dyna sylwi ar hysbysfwrdd yn dwyn y geiriau 'You are now entering Owain Glyndŵr territory' neu rywbeth i'r perwyl ac ar fy ngwir, mewn cae cyfagos roedd rhyw greadur o weithiwr yn ei gwman yn agor traen, digon tebyg o ran ei wisg a'i wedd a'i osgo i'r sawl a fu'n ceisio portreadu arwr mawr y Cymry y noson cynt. Ond pan gyrhaeddwyd y sgwâr ac oedi ychydig yno i edmygu'r cerflun o Owain yn ei ogoniant fe deimlem o leiaf beth yn well am fod yno dipyn rhagorach portread.

Ond eto, tybed wedi'r cwbl nad oeddem ninnau wedi gorymateb ryw gymaint ac wedi disgwyl gormod? Oblegid, o feddwl, ni chredir y byddai Glyndŵr wedi troi yr un fodfedd yn ei fedd pe gwyddai am y driniaeth a gawsai yn y cynhyrchiad hwnnw yn Stratford. Fasa fo, mae'n debyg, ddim wedi synnu nac yn disgwyl undim amgenach o gofio'r berthynas a fu rhyngddo erioed a'i gymdogion yr ochr arall i'r hen glawdd 'na.

'Digon symol wir . . .'

Rwy'n ceisio llunio hyn o druth a hithau'n gefn gaeaf gyda'i lwydni a'i anwydau a'i ffyrdd llithrig a'i anghysuron o bob math. Adeg yw hi i godi'r felan ar y cryfaf efo byw mewn gobaith yn unig y daw hi'n wanwyn, rywbryd, yn sail i warantu iechyd meddwl llawer ohonom.

Ac am ein hiechyd meddyliol a chorfforol – ein hafiechydon meddyliol a chorfforol yn hytrach – y mynna' inna y tro hwn draethu. Gawsoch chi'r ffliw 'leni, ynte a oeddach chi wedi cael brechiad i'w hosgoi? Mi gawsoch grwits neu gonjestion ar y frest, reit siŵr, ac fe fu ond y dim i hwnnw hwyrach droi'n fronceitus arnoch chi? Dydi hi mor hawdd cael pliwrisi, decini, a niwmonia dwbwl i'w ganlyn o. Dyn annw'l, mae angen lapio a bod yn ofalus, 'does? Ac y mae 'na ryw hen lychedan yn mynd o gwmpas wastad gan eich gadael chitha, os bu i chi ddiodde oddi wrth ei heffeithiau, yn teimlo cyn wanned â chath fanw yn ei sgil. A'r ymadrodd 'Digon symol ydw i wir . . .' yn gyffredin ar barabl nifer ohonom.

Ar ba dabledi ydach chi? 'Bosib bod sgileffeithiau'r rheini yn medru bod yn hynod ddiflas. A beth am lefel y colestrol 'na? Llai o seimiach piau hi. A'r pwysau gwaed wedyn? Wyddech chi fod rhai o'r doctoriaid 'ma'n argymell ein bod yn cerdded oddeutu tair milltir bob blincin dydd? Tair milltir! Â'n helpo. Fedrwn ni ddim gwneud peth mor wirion a rhyfygus ymhob tywydd debyg? Chwarae teg. Fasan nhw yn mwynhau gwneud hynny mewn glaw taranau mawr tybed neu mewn hyricen allai eich chwythu i ebargofiant. Sens o rwla! Ac y mae loncian yn gallu bod yn hen beth yr un mor beryglus. Beth petai rhywun yn cael ei daro nes ei fod mor fflat â chrempog gan rhyw hen fws wedyn? Does dim ennill, nac oes?

Ac y mae'r cricymalau a'r seiatica fel y tlodion efo rhywun yn dragwyddol, 'dydyn? A beth am hen betha' fel y cnofeydd a'r dolur rhydd a llid y coluddion a llid y cilfachau, neu, o roi i hwnnw ei enw crand gynddeiriog, swyddogol, y DIFERTICIWLOSIS. Rhwng popeth mae'n syndod ein bod ni'n fyw, 'dydi?

Oes, y mae gan y Cymro obsesiwn ag afiechydon. Does ond angen nodi rhywun fel y telynegwr William Jones, Tremadog, yn enghraifft glasurol. Roedd ei obsesiwn ef ynghylch ei iechyd yn ddihareb. Yn wir, ym marn y diweddar ddychanwr Tecwyn Lloyd, ac nid am y tro cyntaf, rwy'n mynnu cyfeirio at yr hyn yr oedd ganddo ef i'w ddweud ar y mater, nid oes bobl yn y byd i gyd sy'n mwynhau trafod y pwnc yn fwy na'r werin Gymraeg. 'Yn y trafod hwn,' chwedl yntau, 'y penllâd yw bod wedi cael opareshion mewn ysbyty. Mae hynny yn rhyw fath o MBE dioddefiannol . . . Pan fo rhywun yn dechrau ymffrostio – "Rydw i'n cofio pan oeddwn i'n 'rospitol yn cael fy opareshion . . .", yna mae'n amser i'r mân siarad am riwmatics a'r gowt dawelu yn yr un modd ag y buasai efrydydd eglwysig o'r Canol Oesoedd yn swatio wrth wrando ar Domos o Acwin yn trafod pwnc o ddiwinyddiaeth.' Naddo yn sicr, ni thraethwyd y fath wirionedd mor gywrain gan undyn erioed.

Onid lai na thridiau'n ôl y digwyddwn fod yn sipian fy more goffi ac yn ceisio meindio fy musnas fy hun wrth un o'r byrddau yn Siop Fawr, pan na allwn lai na chlustfeinio ar ddwy wraig writgoch radlon wrth y bwrdd nesaf yn trafod cyflwr eu hiechyd nhwtha. A hwnnw, 'nôl y gellid casglu yn gyflwr od o fregus, er eu bod yn ymddangos yn bechadurus o iach i mi beth bynnag. Buont wrthi am o leiaf dri chwarter awr yn rhestru gyda balchder, a rhaid cyfaddef, fesur helaeth o anwyldeb, yr holl driniaethau yr oeddynt wedi eu cael. Poteli wedi eu cracio oeddynt, chwedl nhwtha. Roedd y disgrifiadau ar adegau yn rhai hynod graffig ac yn ddychrynllyd o waedlyd. Ac yno y gadawsom ni nhw er nad oedd y pwnc, gellid casglu, wedi chwarter ei ddihysbyddu erbyn hynny chwaith.

Dyna'r Cysurwyr Job a ddaw i ddoethinebu wrth wely claf wedyn – 'Ydyn nhw'n bwriadu'ch agor chi?' neu 'Mynd o dan y gyllell fydd 'ch diwadd chi reit siŵr os ydach chi isio ciwar i hen beth fel'na . . .' neu 'Gobeithio nad ydi o ddim byd gwaeth beth bynnag achos wyddoch chi ddim y dyddiau hyn na wyddoch . . .' bla, bla, bla, ac ati ac ati ac ati.

Yn ddiweddar fe fûm yn ailddarllen rhai cyfrolau'r diweddar lenor a'r hiwmorydd o'r Port, sef John Owen John, gŵr y dylai'r dref honno fod wedi bod yn barotach i'w arddel o nag a wnaed hyd yn hyn beth bynnag. Bu John yn dioddef oddi wrth hen afiechyd digon blin am gyfnod lled hir un tro ac yn ei gyfrol *Trwy'r Felin* y mae ganddo bethau digon crafog i'w traethu am y profiad hwnnw:

> Yr oedd yn amlwg i rywrai o'm cwmpas fy mod yn araf wywo, o leiaf, dyna yr argraff a adawyd arnaf gan ambell un a fu yn ymweld â mi yn fy nghystudd . . . Ni wn am ddim a barodd fwy o ddifyrrwch i mi yr adeg honno nag astudio pobl . . . Ni wn chwaith am unrhyw amgylchiad ple datguddir cymeriadau pobl

yn fwy amlwg nag wrth wely claf . . . Cofiaf am hen gymeriad a ddaeth i'r llofft un bore. Dywedodd iddo gael sgwrs gyda'r meddyg ar y stryd a chael ar ddeall ganddo beth oedd natur difrifol fy salwch . . . Aeth ati ymhellach i ddweud fel y bu i'w ewyrth farw o'r un afiechyd ag y dioddefwn inna' oddi wrtho ac, wrth gyrraedd drws y ffrynt wrth ymadael, clywais rywun yn gofyn iddo, 'Sut mae o?' Yntau'n ateb, 'Fydd o ddim yma'n hir . . .'

Ni'r Cymry yn ein nerth ac yn ein gwendid. A does gen inna bellach ddim ond gobeithio y bydd i bawb ohonom lwyddo i oroesi yr hen aeaf hwn eto, fo a'i hen afiechydon. Gobeithio'r Tad, yr un pryd, na ddaw'r hen ffliw adar felltith 'na beth bynnag i'n poeni ni. Pe dôi, yna'n sicr fe fyddai gennym rywbeth i siarad amdano wedyn.

Hogia'r werin ar daith

Hyricen, graddfa pump, o lanhau gwanwynol oedd ar dro acw, un o'r ymosodiadau ffyrnig achlysurol disentiment hynny a fynnai gael gwared â thomennydd o 'nialwch a mân bapurach oedd wedi ymgasglu hyd y fan i hel llwch ac nad oeddynt, ar unrhyw gyfrif, yn talu am eu lle mwyach. Cydio mewn rhyw hen racsyn o lyfr nodiadau clawr coch – *Sterling Exercise Book No. 6* – ac ar fin ei drosglwyddo'n ddigon diseremoni i'r fflamau pan syrthiodd rhywbeth o'i blygion.

Wel ar fy ngwir! A dyna lle roedd hwn wedi bod yn llechu'r holl flynyddoedd felly, rhan o hen ddyddiadur y bûm yn ceisio ei gadw i gofnodi pythefnos o'r haf hirfelyn hwnnw agos i hanner canrif yn ôl. Rhaid oedd rhoi'r gwaith clirio o'r neilltu'n syth i eiddgar bori ynddo.

Y flwyddyn oedd 1959. Pump o hogiau glandeg, tebyg ein bod yn landeg bryd hynny canys doeddem ni ond yn ein hugeiniau cynnar, criw oedd wedi bod yn gyfeillion o'r cychwyn yng Ngholeg y Gogledd, wedi penderfynu mynd i drampio'r Cyfandir am y tro cyntaf. Roedd tri ohonom – Gareth, Gwynedd a minnau – newydd gwblhau ein blwyddyn gyntaf fel athrawon tra bod y ddau arall – Huw a Dafydd – yn ymgeiswyr am y weinidogaeth gydag enwad parchus y Bedyddwyr, ac er eu bod wedi ennill eu gradd gyntaf, yn dal yn fyfyrwyr o hyd ac yn dilyn cwrs mewn diwinyddiaeth.

Roedd y cerbyd y bwriadem deithio ynddo, eiddo Gareth, neu'n gywirach eiddo'i dad, yn un digon sylweddol ei faint fel bod digon o le i'r pump ohonom a digon o ofod yn y gist ar ben hynny i storio'r paciau. A bu trefnu gofalus ar gyfer yr antur, gyda dyletswyddau arbennig wedi eu neilltuo ar gyfer pob un ohonom er sicrhau ei llwyddiant – Gareth a Gwynedd i rannu'r gyrru, Huw, greadur cyfrifol ag ydoedd, i astudio'r mapiau a chyfarwyddo'r ffordd. Ni chofiaf ein bod yn disgwyl gormod oddi wrth Dafydd chwaith. A'n helpo pe bai ef yn darllen unrhyw fap. Does wybod ple ar y ddaear y byddem yn ei gyrraedd wedyn, os cyrhaeddem o gwbl felly! Fo oedd y bardd yn ein plith a thuedd ynddo ar brydiau i grwydro i'w fyd bach ei hun. Yn wir, ymhen llai na blwyddyn byddai'n cipio cadair Prifwyl Genedlaethol yr Urdd yn Nolgellau. Bod yn geidwad y stof breimus oedd fy nghyfrifoldeb arswydus i wedyn; ac nid tasg ddibwys mo honno. Byddem yn aros ar fin y ffordd i baratoi ein cinio bob dydd ac yr oedd y ddywededig stof yn anhepgor i ferwi dŵr, i dwymo'r ffa pob a chynnwys pa duniau bynnag o gawl y byddid yn eu hagor i gyflenwi angen pump ar eu cythlwng. Daethwn â photelaid dri hanner peint o sbirit methyl glas i'n canlyn er sicrhau y byddai'r peiriant o dan fy ngofal yn tanio'n rhwydd. Erbyn heddiw rwy'n amau'r doethineb o gadw deunydd hylosg o'r fath gyda gweddill y paciau yng nghist y cerbyd. Roedd hi erbyn hynny yn ganol Awst a ninnau'n barod i gychwyn ar yr antur fawr. Wedi'r cyfan yr oedd hi'n antur fawr i ni mewn cyfnod pan oedd cymowta dramor ddim chwarter mor gyffredin ag ydyw bellach yn nyddiau'r Easy Jet.

Dyma felly ddetholiad o'r dyddiadur y ceisiwyd ei gadw dros y cyfnod hwnnw.

Sul, 16 Awst 1959 – Westerham

Roedd Mam wrth i mi adael cartre ddoe yn ymylu ar fod yn ddagreuol, o leia'n llyncu'i phoer, fel petai'n llwyr gredu fod ei chyw melyn olaf ar fin mynd i roi ei droed ar fan na safodd dyn erioed; ac fe fyddwn innau'n llai na gonest pe dywedwn nad oedd rhyw elfen o betruster yn llechu yn yr isymwybod rywle.

Cychwyn yn blygeiniol o gartre Gareth yn Wigan a'r wlad yn gwisgo holl lendid gwyryfol y bore. Codi Gwynedd yn Amwythig. Mwynhau cinio'r Llew Coch yn Atherstone cyn ei gwneud hi drwy gyrion Llundain i Westerham yng Nghaint. Dyma fan geni'r cadfridog James Wolfe y dethlir daucanmlwyddiant ei eni eleni. Nid nepell oddi yma hefyd y mae Gorsaf Awyrlu Biggin Hill a choelia' i fyth nad oes gan 'rhen Winston Churchill dŷ gerllaw yma rywle. Treulio'r noson yng ngwesty'r King's Arms a thalu drwy'n trwynau am y fraint. Fe gostiodd pryd hwyr ynghyd â gwely a brecwast bunt a chweswllt yr un inni; tipyn o glec ar gychwyn y daith fel hyn. Dim ond gobeithio y ceir gwell bargeinion 'rôl croesi drosodd i'r Cyfandir.

Llun, 17 Awst – Soissons

Huw a Dafydd, ar ôl bod yn pregethu ddwywaith ddoe, yn ymuno â ni ganol bore heddiw yn Dofer. Croesi didramgwydd ar fwrdd yr *Invicta* i Galais, a fu Gareth, wedi inni lanio yma yn Ffrainc, fawr o dro â chynefino â gyrru'r ochr groes i'r ffordd. Drwy Bethune, Supplice ac Arras (man geni Robespierre, fel y cofiem, a lle bu brwydro ffyrnig yn ystod y ddau ryfel). Cip ar adfeilion y castell wrth fynd drwy Ham wedyn. Yno, yn eu dydd y carcharwyd nawddsantes Ffrainc a Louis Napoleon yntau. Cyrraedd Soisson oddeutu hanner awr wedi saith. Gwesty digon cyffredin yw La Rallye; dim hanner mor foethus â'r King's Arms neithiwr ond ddim mor ddrud, o drugaredd, chwaith. Roedd hi'n dywyll bitsh erbyn ein bod wedi cael pryd o fwyd – pawb wedi blino gan ddisgyn i gysgu i gyfeiliant diddiwedd synau sioncod y gwair, a chosyn o leuad yn siriol wenu arnom drwy'r ffenest agored.

Deffro i olau llachar y dydd a sylwi ar yr afon islaw yn llifo'n hamddenol i gyfeiriad pont yr oedd cerflun o ŵr ifanc wedi ei sodro ar un pen iddi a merch ifanc ar y pen arall, gyda'r ddau yn edrych yn hiraethus hir ar draws yr afon i gyfeiriad ei gilydd. Chân' nhw byth gerdded law yn llaw sylwodd un ohonom. Oni ddylid bedyddio hon hefyd yn Bont yr Ocheneidiau?

Dydd Mawrth, 18 Awst – Basel

Yma yng ngwesty Merkur, Basel, ar afon Rhein. Mae'n unarddeg yr hwyr, ninnau'n ddedwydd luddedig newydd wneud cyfiawnder helaeth â phryd bwyd go sylwedol fel nad oedd fawr o awydd yn yr un ohonom i fynd allan i grwydro heno. Cawn gipolwg ar y ddinas lân, fywiog hon yn y bore.

Bu'n ddiwrnod mor llawn ond cofiaf yn arbennig yr orig a dreuliwyd yn Rheims i ryfeddu at ogoniannau ei heglwys gadeiriol y mae nenfwd ei changell mor bensyfrdan o uchel. Hir hefyd y trysorir cyfoeth ei ffenestri lliw ar blatiau ffotograffig y co'. Roedd y ffyrdd sythion y teithiem ar hyd-ddynt yn dawel ddigyffro a'r tirwedd yn undonog gyda'r caeau o'r naill du yn lledu i'r gorwel yn gwiltiau o wahanol gnydau heb na chlawdd na ffens i'w gwahanu; y pentrefi bychain y cyrchem drwyddynt yr un mor gysglyd gydag awyrgylch canol nos yn teyrnasu drostynt ganol dydd rywsut. Teithiwyd drwy Chalon sur Marne, canolfan bwysig i'r fasnach cynhyrchu siampên, St Dizier a Ligny nes cyrraedd

Domremy la Pucelle. Yno, ar 6 Ionawr 1412, y ganed Jeanne d'Arc. Dim ond rhyw hanner awr a gawsom yno. Y syndod o gofio fod y lle yn fangre mor gysegredig i'r Ffrancod oedd ei fod yn fan mor dawel ddigyffro, heb unrhyw fath o ymdrech yn y byd wedi ei wneud i'w fasnacheiddio.

Yn ystod gweddill y dydd gyrrwyd drwy dair o daleithiau eraill Ffrainc – Lorraine, Bwrgwyn ac Alsas – gyda'r tirwedd yn newid cryn dipyn wedi i ni gefnu ar Epinal; daethai'n llawer mwy bryniog. Bu'n daith hir ond unwaith y dringwyd dros y Col de Bussang roeddem yn croesi'r ffin yma i'r Swistir a dinas Basel. Pawb yn cysgu fel tyrchod heno.

Mercher, 19 Awst – Weggis

Tro sydyn o gwmpas Basel bore heddiw ond bu raid gadael oddeutu hanner awr wedi unarddeg. Y blincin stof breimus yn gwrthod yn lân â chydweithredu wrth baratoi cinio, minnau druan yn gorfod diodde o dan y lach wrth i'r pedwar arall fy mombardio â'u hen sneips am fy mod wedi arlwyo eu bord min y ffordd â chawl tomato oer a ffa pob oerach. Diodde'n dawel o dan y cerydd a than y rhybudd a gyhoeddwyd yn unfrydol y disgwylir i bethau wella erbyn yfory.

Wrth fynd drwy Zurich mynnu cael cipolwg ar gofgolofn Zwingli. Rhoddodd hynny gyfle i'r ddau egin ddiwinydd yn ein plith lafoerio'n hir wrth gofio am frwydrau dewr yr Ail Fedyddwyr yn y ddinas.

Ymlaen â ni wedyn drwy wlad o fryniau a chymoedd coediog cyn i'r mynyddoedd uchel ddechrau cau amdanom, yn wir ein hamgylchynu o bob cyfeiriad. Cofiaf y mynach barfog hwnnw yn ei lifrai llwyd yn codi ei law yn serchog arnom rywle wrth inni wibio heibio.

Ym mhentre' prydferth Weggis ddeuddeg cilometr o Lwtsern yr arhoswn heno. Ail ei le oedd y gwesty yn Soisson. Roedd Merkur yn Basel yn dipyn gwell ond mae Hotel Schweizeroff yma yn Weggis yn tra rhagori ar y ddau. Mae ein hystafell yn wynebu'r llyn, gyda'r mynyddoedd uchel y tu draw iddo yn gwisgo siôl o niwl neu o darth gwyn dros eu gwarrau. Y swper heno yn llai nag un neithiwr er yn fwy maethlon – gwell pryd os nad cystal boliad o bosib. Tipyn gwell beth bynnag na phetai wedi ei baratoi dros stof breimus yn cael ei thrin gan warchodwr anghelfydd!

Picio i Lwtsern ar ôl bwyta a doeddwn i ond braidd wedi neidio allan o'r cerbyd yno nad oeddwn wedi derbyn bendith oddi fry gan ryw hen dderyn yn sbladdro'i garthion ar fy mhen a thros fy ysgwyddau ym mhobman. 'Bachan lwcus,' cyhoeddodd Dafydd wrth i bawb arall ymuno yn yr hwyl ar fy nghownt.

Roedd yn rhaid inni gael cerdded dros y Kapelbrucke, y bont bren ar draws afon Reuss a fu'n sefyll yno er 1333, ac i fwrw cip ar gerflun godidog Thorswalden o'r llew hynod hwnnw, er mai dyna'r oll y llwyddwyd i'w gyflawni. Cerddai Gwynedd ar ei ben ei hun ychydig lathenni y tu ôl inni pan ddychwelem i'r maes parcio ac fe'i cyfarchwyd gan slasan glustdlysog yn bowdwr ac yn baent drosti. Roedd yn amlwg mai cynnig ei ffafrau oedd y bwriad, eithr ni sylweddolodd ef mo hynny. 'Hogan glên gythril, tawn i ond yn deall ei hiaith hi,' sylwodd wedi iddi ei adael ar ei hyll unwaith y deallodd nad oedd deunydd cwsmer ynddo. Er dirfawr gysur i'r gweddill ohonom cafodd gryn fraw pan wawriodd y gwirionedd arno; gwir yr hen air debyg – y diniweityn dramor.

Dydd Iau, 20 Awst - Lugano

Roedd rhyw 'henwr wrthi'n fore'n sgubo'r dail' wrth inni godi am saith, a rhyw dawelwch hyfryd yn teyrnasu dros bobman. Yr unig beth a dorrai arno oedd tonnau mân y llyn yn curo'n ysgafn yn erbyn muriau coed y cei. Popeth yn bur a ffres a'r awel yn fwyn tra bod y gweinyddesau yn eu du a gwyn difrycheulyd wrthi'n brysur yn gosod y byrddau ar y terasau. Mae'n wir fod rhywfaint o darth yn hofran yn lled isel ar y llechweddau ond ni chawsant fawr o groeso unwaith y cododd yr haul.

Yn Lwtsern erbyn wyth i osgoi'r ciwiau hir o rai fel ninnau oedd â'u bryd ar gyrchu i gopa Pilatus. Taith mewn car cebl oedd hi i fod. Doedd dim amser gennym i'w cherdded hi. O leia' dyna'r esgus. Bu raid talu pymtheg ffranc – oddeutu pum swllt ar hugain – am y fraint.

Doeddwn i erioed wedi hongian mewn caban wrth raff o'r blaen. Beth petai? Cystal oedd ymatal rhag rhoi lle i hen feddyliau o'r fath, ac i fyny fry uwch copaon y coed yr aethom.Y tyddynwyr oddi tanom i'w gweld yn cynaeafu gwair ar hen lechweddau digon anhygyrch, a'r gwartheg yn pori i gyfeiliant tincial y clychau am eu gyddfau. Newid cerbyd hanner y ffordd i un mwy a rhyw Americanwr yn clochdar am binaclau tebyg onid rhai mwy yng Nghentyci. Rhan olaf y daith oedd y fwyaf ysgytiol wrth inni araf sgimio dros ryw grib a dim ond dyfnder enfawr o rai miloedd o droedfeddi o dan ein traed; ond o gyrraedd y copa bron na ellid gweld holl deyrnasoedd y byd a'u gogoniant, er nad oedd y mynyddoedd oll wedi llwyr ymysgwyd o'u cysgadrwydd chwaith. Tebyg ei bod yn rhy fore, canys yr oedd haenen o niwl yn gorchuddio sawl copa, ond fel y syllem yn syfrdan o'n cwmpas clywsom ergyd saethu craig o rywle a bu'r eco'n diaspedain dros bobman am eiliadau lawer. Gyda hynny wedyn galwodd rhyw gorn Alpaidd ei seiniau lleddf o rywle, a hwnnw ynghyd â thincial clychau'r gwartheg yn creu'r symffoni ryfeddaf. Profiad i'w gofio oedd un copa Pilatus.

Gadawsom Lwtsern tua hanner dydd gyda thaith led araf o gan milltir a hanner yn ein haros i gyrraedd rhanbarth Eidalaidd y wlad yma yn Lugano. Bu'n siwrnai ddiddorol wrth inni gyrchu dros bedwar bwlch: y Brunig, y Grimsel, y Furka a'r St Gotthard. Unwaith eto roedd y cribau a'r pinaclau a'r copaon mawreddog o'n cwmpas ym mhobman, lawer ohonynt o'r golwg tan yr eira tragwyddol a'r hen gerbyd druan, o orfod cario pump ohonom i uchder o saith mil o droedfeddi, gan gymryd dwsinau o fachdroeon yn y fargen, yn protestio, yn wir ymron â diffygio. A phwy yn ei lawn bwyll a welai fai arno? Erbyn cyrraedd pen y Furka roeddem ninnau'n oer a rhynllyd ac yn ffitffatian yn sandalog fel ieir ar y glaw. Ond dechreuwyd disgyn o'r diwedd i gwm cul coediog nes cyrraedd pentref bychan Aurolo, ond odid yr harddaf a welsom hyd hynny. Dechrau canu rhai o hen ganeuon coleg ar ran olaf y daith. Nid bod yr un ohonom yn bynciwr od o soniarus ond yr oedd rhyw gameraderi hyfryd yn bodoli wrth inni sylweddoli mai rhyw fath o barti ffarwél yw hwn ar derfyn pedair blynedd ym Mangor.

Roedd ar fin tywyllu arnom yn cyrraedd Lugano ond

buan y dadluddedwyd yng ngwesty serennog yr International au Lac. Dwy bunt a choron o ddamej! Ond pa ots? Cawn fyw'n ddarbodus yn ystod misoedd y gaeaf.

Gorwedd y dref hyfryd hon o gwmpas bae bychan ar lan llyn Lugano. Caiff ei chysgodi gan ddau fynydd, Monte Bre o'r naill ochr a Monte San Salvatore yr ochr arall. Roedd hi'n noson falmaidd heb yr un awgrym o awel i siffrwd canghennau'r palmwydd a'r tyfiant isdrofannol wrth inni gerdded o gwmpas wedi swper a thra bod y milmyrdd bylbiau lliw ar hyd y promenâd yn cael eu hadlewyrchu'n llinellau ceimion yr un mor lliwgar dros wyneb y dŵr.

Chwilio yr oeddem am Hotel Meister yn ardal Paradiso am fod Mair, Pensarn (fy nghyfnither), a Gwen Rhos-y-bol, eu dwy yn treulio'r wythnos hon yn Lugano. Bu hen hwyl a sgwrsio pan lwyddwyd i gael gafael arnynt.

Glasiad neu ddau yn lolfa'r gwesty cyn mynd i glwydo. Dafydd awydd trio Benedictine ac yn tagu'n lân loyw wedi'r cegiad cyntaf!

Nos Wener, 21 Awst – Fenis

Roedd hi'r un mor baradwysaidd yn Lugano y bore 'ma ag ydoedd neithiwr. Bu raid golchi'r car o flaen dim arall am ei fod yn llaid ac yn llaca drosto yn dilyn y farathon dros y bylchau ddoe. Ond gadael yn y diwedd fu raid, eithr diolch i Gwynedd a oedd wedi gadael un o'i grysau i sychu ar falcon ei ystafell, cawsom esgus dros ddychwelyd gyda glannau'r llyn yn ôl i'r International au Lac. Cychwyn eilwaith a'r gwres yn llethol. Croesi'r ffin i'r Eidal. Cinio ar fin y ffordd a'r stof felltith yn dal i nogio tra bo'r pedwar beirniad yn huotlach fyth eu cerydd. Dau Eidalwr yn dod atom i geisio tynnu sgwrs er na ddeallem fawr ddim ar ein gilydd chwaith. Roedd hi'n amlwg, er hynny, eu bod yn ei chael yn anodd i ddeall pam yr oedd pob un ohonom mor groenwyn. Caent hwyl fawr ynghylch y peth oblegid roeddynt hwy eu dau wedi eu crasu yng ngwres yr haul fel dwy gneuen aeddfed.

Wrth dramwyo ar hyd yr autostrada ganol y prynhawn yma cododd dadl ffyrnig rhyngom ynghylch un o bynciau llosg y dydd adre'n ôl yng Nghymru, sef a ddylai'r Frenhines gael ei gwahodd i'r Eisteddfod Genedlaethol nesaf a gaiff ei chynnal yng Nghaerdydd. Ni fu taw ar bethau nes inni gyrraedd Ferona.

Wedi treulio egwyl fer yn ninas Romeo a Juliet, ymlaen yr aethom drwy gyrion Padua yn llawn disgwyliadau eiddgar ar y deugain cilometr unionsyth olaf i Fenis.

A dyna ni bellach wedi gorfod gadael yr hen gerbyd i gael gorffwys haeddiannol yn y maes parcio eang ymhell y tu allan i'r ddinas ac wedi ei gwneud hi'n dalog yn y

vaporetti ar hyd y brif gamlas, y Grand Canal, i gyrraedd Sgwâr San Marco. Wel, dyna le gogoneddus. Dydi gwesty Monte Carlo ddim ond tafliad carreg i ffwrdd. Bwriadwn dreulio dwy noson yma. Allwn ni ddim aros i weld beth sydd gan yfory i'w gynnig. Syrthio i gysgu heno i gyfeiliant melodïau Eidalaidd a ddôi o un o'r clybiau nos gerllaw – Comé Prima, Arriva Derci a Sorrento.

Dydd Sadwrn, 22 Awst

Wn i ddim faint o gyfiawnder a wnaed â'r ddinas ryfeddol hon mewn ychydig dros bedair awr ar hugain, ond fe wnaethom ein gorau. Eglwys yr Efengylydd Marc yn dywyll braidd o'r tu mewn er mai'r tu allan y gwelir ei gwir ogoniant, gyda'r pedwar ceffyl pres a gludwyd yn ysbail rhyfel o Gaer Gystennin uwchlaw'r brif fynedfa. Palas y Doge wedyn a Phont yr Ocheneidiau yn ei gysylltu â'r carchar. Ambell un yn cofio soned Gwenallt wrth edrych arni tra bo rhywun mwy diwylliedig yn dwyn i gof gyfeiraid Byron yn *Childe Harold*. Dringo'r Campanille, ymweld â ffatri chwythu gwydr, trip mewn gondola, chwilio am anrhegion ger Pont y Rialto a bwydo'r colomennod powld. Mewn gwres mor llethol yn gwthio can gradd doedd dim egni i gyflawni fawr rhagor. Rywbryd eto, gobeithio, ond am y tro roeddem wedi llwyddo i 'wneud' Fenis yn nhraddodiad gorau unrhyw Americanwr a fentrodd groesi'r Iwerydd erioed. Yn sychedig a hithau'n hwyr brynhawn, archebwyd gwydriad o ddŵr oer – ellid ddim fforddio undim cryfach – yn gyfnewid am y fraint o gael eistedd wrth un o fyrddau Fflorians. Atgoffa Dafydd y gellir rhestru Byron, Goethe, Rousseau ac Alexander Dumas ymhlith cyn-glientau'r bwyty enwog, ac o gofio mai ef yw'r bardd yn ein plith oni ellir hwyrach ei gynnwys yntau ymhlith y cwmni hyglod hwnnw y tro nesaf y down ni yma! Taro ar ddau ddarlithydd o Goleg Bangor wrth ddychwelyd i'r gwesty heno. Byd bychan.

Nos Sul, 23 Awst - Milan

Roedd clychau'r eglwysi yn canu o'i hochr hi yn gwahodd y ffyddloniaid i'r offeren fel y gadawem Fenis y bore 'ma. Profiad rhyfedd o gael ein cludo hyd y brif gamlas fu gweld gorymdaith angladdol yn mynd heibio; pedwar gondoliwr mewn du trwm yn rhwyfo'n araf ofalus tra bod yr arch dan gwrlid melfed duach yn gorffwyso ar y canol. Rhywun ar fore braf yn cael ei ddwyn i dir ei hir gartre. 'Yng nghanol bywyd . . .' a ballu. Cofiai rhai ohonom y cwpled am Siôn Phylip yn cael ei ddwyn i Landanwg:

> Tynnu ar draws y tonnau
> A'r bardd trist yn ei gist gau.

Wrth gefnu ar Fenis a'r Adriatig sylweddolem na welem unrhyw arlliw o fôr wedyn nes cyrraedd yn ôl i Galais; a digon tawel oedd hi wrth inni gyrchu ar hyd y drafford wrth groesi gwastadeddau ffrwythlon Lombardi fel ein bod erbyn hanner awr wedi dau yn ein hystafelloedd yn Hotel Argentina yma ym Milan. Daethai i lawio'n bur drwm erbyn hynny ond yr oedd yn rhaid manteisio ar yr ychydig oriau oedd gennym yn y fan hyn eto. Rhoed blaeoriaeth i dri pheth; a chawsom ni mo'n siomi. O drugaredd doedd yr eglwys gadeiriol, adeilad gothig godidocaf yr Eidal, ddim ond tafliad carreg o'r gwesty. Ellid dim ond rhyfeddu at ei phinaclau aneirif, ei cherfluniau a'i ffenestri lliw digymar. Chwilio am Dŷ Opera La Scala wedyn. O leiaf cawsom sefyll o'i flaen hyd yn oed os nad oedd gennym y modd i brynu tocyn i weld un o'i berfformiadau. Nid mor rhwydd, fodd bynnag, y daethpwyd o hyd i Eglwys Santa Maria dell Grazie, ond o ddyfal doncio a holi hwn a'r llall fe lwyddwyd yn y diwedd. Rhyfeddod y rhyfeddodau, o gofio'r bomio fu ar yr ardal yn ystod yr Ail Ryfel Byd, yw fod y mur lle peintiwyd campwaith da Vinci yn dal i sefyll. Mae'n wir fod olion y craciau yma ac acw i'w gweld yn eithaf plaen arno bellach ond deil 'Y Swper Olaf' o hyd i gyfareddu'r miloedd sy'n cyrchu yno i'w weld. Ni fethodd yn ein hanes ninnau chwaith. Ond ni pheidiodd y glaw – ac aros yn y gwesty i ddarllen y papurau newyddion Saesneg wnaethom ninnau heno.

Dydd Llun, 24 Awst - Martigny

Caed cryn drafferth dod o hyd i'r ffordd gywir wrth adael Milan y bore 'ma canys roedd y drafnidiaeth yn gwbl loerig. Mae'n amlwg na chlywodd yr Eidalwyr erioed am gyfyngiadau deng milltir ar hugain yr awr. Pawb yn pydru mynd fel cathod i gythral ar eu ffordd i'w gwaith, y cyrn yn atseinio, sŵn breciau yn gwichian – bedlam. Ond drwy fawr ryfeddod daethom drwyddi. Da bod dau egin weinidog wedi ymbilio ar Ragluniaeth i'n gwarchod. Allan yn y wlad, fodd bynnag, roeddem fel petaem ar blaned arall gyda'r amaethwyr wrthi'n bwyllog yn cynaeafu eu cnydau. Dôi hyd yn oed ambell gert yn cael ei dynnu gan bâr o eidion i'n cyfarfod.

Croesi rhanbarth Piedmont cyn dechrau dringo wyth mil o droedfeddi dros Fwlch St Bernhard lle roedd yr oerni'n gafael. Ond i lawr â ni yr ochr arall gan groesi'r ffin yn ôl i'r Swistir.

Hotel Kluser et Mont Blanc ym Martigny roddodd loches inni heno am oddeutu deg swllt ar hugain. Rhaid bod Dafydd wedi storgadjio gormod oblegid cafodd dwtsh o'r beil ar ôl swper er na thybiwn fod yr afiechyd yn farwol chwaith, dim ond ei fod yn llai huawdl nac arfer; rwy'n ofni mai ychydig o gydymdeimlad a gafodd y creadur druan.

Dydd Mawrth, 25 Awst - Nyon

Taith gymharol fer heddiw o Martigny i Nyon ar Lyn Genefa. Saeson ym mhobman gyda dwsinau o geir yn cario bathodyn GB yn mynd heibio inni; ond fe sylwyd bod un bws wedi dod o Abertawe, a Huw, o'i weld, yn cael pwl o hiraeth.

Y ffordd yn arwain gyda glannau'r llyn a'r olygfa o Alpau gleision Savoy draw i'r gorwel yn un dra ysblennydd. Oedi ychydig ym Montreux ac yna Lausanne cyn cyrraedd Hotel des Alpes yn gynnar y prynhawn. Bwriadwn dreulio dwy noson yma yn Nyon. Hamddena weddill y dydd yn y tes, gwylio'r llongau yn mynd ac yn dod i fyny ac i lawr y llyn gan adael tonnau cryfion i'w canlyn.

Dydd Mercher, 26 Awst

Dim ond pymtheng milltir sydd rhwng Nyon a Genefa ac yr oeddem yno cyn deg. Yn annisgwyl braidd, doedd y ddau ddiwinydd yn ein mysg ddim yn orawyddus i drafod cysylltiadau John Calvin â rhai o'r diwygwyr eraill â'r ddinas. Yr esgus oedd eu bod ar wyliau ac felly yn amharod i drafod rhwygiadau crefyddol!

Trampio'r strydoedd trwy'r bore ond wedi cinio rhoddwyd tro o gwmpas Palas y Cenhedloedd Unedig i ryfeddu at ei gynteddoedd a'i erddi. Gwynedd yn rhoi galwad ffôn gartre i Lanbedr ym Meirionnydd i gael ar ddeall fod ei fam wedi ei tharo'n ddifrifol wael. Afraid nodi i'r newydd fwrw cwmwl dros bethau. Fawr o awydd ar neb i grwydro rhyw lawer heno ond aeth Dafydd a minnau i eistedd yn y cysgodion ger y morglawdd yma yn Nyon. Roedd y stribedi hir o fylbiau bychain sy'n ymestyn o un pen i'r llall i oleuo'r promenâd yn wincio'n slei arnom, a dau alarch gwyn draw ar y dŵr yn symud yn osgeiddig ar gefndir du y nos; heddwch a thawelwch yn teyrnasu dros bobman a'r mân synau cefndirol yn gwneud dim namyn eu dyfnhau – grwnian ambell beiriant modur yn cyrchu tua thre a chwerthin ysgafn cwpwl o gariadon wrth iddynt gerdded heibio law yn llaw. Fe ddeallem eu chwerthin os nad eu hiaith.

Dydd Iau, 27 Awst – yn ôl yn Soisson

Teg edrych . . . oedd hi bellach a thaith hir o'n blaenau heddiw. Croesi'r ffin i Ffrainc drachefn a thros fynydd-oedd Jura yn ôl i'r gwastadeddau diderfyn. Heibio Dole, man geni Louis Pasteur, i gyrraedd cyrion Dijon oddeutu canol dydd. Y preimus, ar ôl gofidiau dyrys daith a llawer o orthrymderau, yn gweithio fel wats wrth inni baratoi cinio ar fin y ffordd; tebyg fod yr hen g'nawes oriog yn synhwyro fod tymor ei gwasanaeth yn graddol dynnu tua'i derfyn.

Y pnawn yma aem heibio tarddle tawel afon Seine wrth iddi gychwyn ar ei thaith droellog i'r brifddinas heb fod yr un syniad ganddi o'r hyn oedd yn ei haros yno, am na mawredd Notre Dame nac yn sicr am ruthr a chynnwrf y Place de la Concorde. Ymlaen drwy Troyes a thref fach ddymunol Chateau Thierry nes cyrraedd Soisson yn ôl unwaith eto â'r cylch wedi rhoi un tro cyflawn.

Sylwi nad oedd y ddau unig o'r naill ben i'r bont wedi rhoi yr un cam yn nes at ei gilydd chwaith! Blin ddyheu fydd eu hanes am dragwyddoldeb bellach, siŵr o fod.

Dydi gwesty La Ralley ddim yn un o'r rhai mwyaf moethus ond mater o lunio'r wadn fel y bo'r troed yw hi erbyn hyn. 'Prin yw'r arian yn y god' ac yn sicr nid oes argoelion fod amser gwell i ddod y rhawg chwaith. Da deall erbyn heno fod mam Gwynedd yn dal ei thir onid ryw gymaint yn well.

Dydd Gwener, 28 Awst - Brasted yng Nghaint

Taith deirawr oedd hi'r bore 'ma cyn dod i olwg y môr unwaith eto wrth nesu am Galais a chryn fil o filltiroedd o'n hôl er pan adawsom Fenis. Erbyn pump o'r gloch gwelid clogwyni gwynion Dofer yn dod i'r golwg a dim ond dau gam a naid oedd hi wedyn i gyrraedd yr Hydd Gwyn, ym Mrasted.

Mae poster diddorol y tu ôl i'r bar yn y fan hyn wedi ei lofnodi gan nifer o'r peilotiaid dewr a fentrodd eu bywydau wrth hedfan o Biggin Hill a gorsafoedd eraill yn ne Lloegr ar yr ymgyrchoedd enbyd hynny yn erbyn y Luftwaffe yn ystod y pedwardegau.

Tri swllt ar hugain tlotach ar ôl aros yma. Oni chyrhaeddaf adre erbyn yr un amser nos yfory fe fydd yn rhaid i mi gysgu dan y sêr.

Sadwrn, 29 Awst

Roedd cryn flas ar y cig moch, yr wy wedi'i ffrio a'r selsig i frecwast. Bu'n gymorth i'n cynnal weddill y daith yn ôl i Walia. Ffarwelio â Dafydd a Huw yng Nghaerloyw wrth iddynt ddal trên oddi yno i Abertawe. Gwynedd a minnau yn cael ein gollwng yng Nghaer i ddal ein trên ninnau i Fangor lle roedd Now 'mrawd wedi dod i'n cyfarfod i sicrhau gwasanaeth tacsi rhad i Garreg-lefn. A da oedd ei fod yno. Doedd gen i ond swllt a thair rhyngof a methdaliad llwyr. Bydd raid i mi gael 'sub' gan rywun tan ddiwedd Medi pan ddisgwylir i'r llongau nesaf ddod i mewn.

Er fy mod wedi llwyr ymlâdd, bu raid sefyll ar fy nhraed yn hwyr heno am fod cynulleidfa eiddgar ar flaenau eu cadeiriau yn ysu am glywed yr hanes – hanes y profiadau newydd a rhyfedd a gawsai'r congrinero yn ystod tramp pythefnos o dair mil o filltiroedd ar y Cyfandir.

* * * *

A dyna stori'r trampio, fel y cofnodwyd hi yn y dyddiadur a fu ar goll cyhyd, wedi ei thraethu. Ond beth tybed fu hanes y pump pererin wedyn? Mae'r pump wedi hen ymddeol bellach wrth reswm. Bu Dafydd yn ei dro yn weinidog sawl gofalaeth, yn llywydd ei enwad, yn arweinydd pererindodau mynych i Israel, a phetai wedi dewis hynny – er na wnaeth o ddim – gallai fod wedi datblygu'n fardd a llenor medrus. Can cywilydd iddo am beidio â meithrin y ddawn ddiamheuol honno. Treuliodd Huw yntau gyfnod yn y weinidogaeth, yn ardal Llambed i gychwyn, Eglwys Castle Street, Llundain wedyn, cyn ei ddyrchafu'n brifathro coleg ei enwad yng Nghaerdydd. Yn ysgolhaig manwl, cyhoeddodd nifer o esboniadau a chyfrolau o natur ddefosiynol. Bu Gareth yn bennaeth adrannau mathemateg mewn ysgolion preifat yn Sir Gaerhirfryn cyn penderfynu ymfudo i Ganada lle y gwasanaethodd am lu o flynyddoedd fel dirprwy brifathro ysgol breswyl Port Hope, nid nepell o Doronto. Heddiw mae'n byw yn Stratford yn nhalaith Ontario. Ddychwelodd Gwynedd yntau ddim i Gymru chwaith, er na fu llawer o grwydro yn ei waed ef. Bodlonodd ar dreulio'r rhan helaethaf o'i yrfa yn bennaeth Adran Ffiseg un o'r hen ysgolion gramadeg yng ngogledd Lloegr. Ymgartrefodd ers rhai blynyddoedd yn Lytham ar arfordir Fylde tra bod yr un dyn bach oedd ar ôl wedi treulio'r holl flynyddoedd hyn yn Eifionydd.

Priodi, gweithio, magu plant, dotio at yr wyrion, dyna fu hanes pob un ohonom ninnau fel y mwyafrif o'n cydfforddolion; troeon yr yrfa'n dod â phrofiadau melys a chwerw yn eu sgil yn ôl y drefn – 'chwerthin ennyd, wylo dro' – er ei bod yn anodd sobor dygymod â'r ffaith fod y pump ohonom bellach yn henaduriaid penwyn dros oed yr addewid. Ein braint oedd cael bod yn dystion o'r wawr wen olau honno ar ddiwedd y pumdegau. Bonws ychwanegol oedd bod yn ifanc yr un pryd – 'bliss was it in that dawn to be alive, but to be young . . .' a ballu.

Yng ngoleuni pethau heddiw, fodd bynnag, ni'n pump fyddai'r rhai cyntaf i gydnabod nad oedd undim anghyffredin a rhyfygus yn nodweddu'n taith. Un ddigon diniwed ydoedd bron ym mhob ystyr. Diau fod degau ar ddegau o filoedd o griwiau ar derfyn eu cyfnodau mewn coleg wedi esgor ar ymgyrchoedd llawer mwy mentrus. Brenin mawr! Nid teithio o gwmpas y byd a wnaethom ni, nid cyrchu i Ynysoedd Solomon neu'r Galapagos, nid i Nicaragua na'r un o wledydd America Ganol, nid i drecio yn yr Himalaya, i ddringo yn yr Andes, i ymlwybro drwy fforestydd Borneo, i groesi crastiroedd Ethiopia nac i deithio ar drên o Fosco ar draws Siberia i Fladifostoc!

Rwy'n sylweddoli'n burion yr un pryd nad oes undim sy'n fwy poenus a diflas na'r benyd greulon o orfod gwrando ar hanes gwyliau pobol drws nesaf a hwythau, dyweder, newydd ddychwelyd ar ôl treulio deng niwrnod yn 'Rôm' neu Dorremolinos, y Grand Canaria, Teneriffe neu Wlad Disney. A'n helpo!

Eto i gyd rwy'n dal i daeru fod y fenter honno yn Awst 1959 wedi bod yn un dra arbennig i ni. Bu'n gyfrwng i ledu peth o leiaf ar rai gorwelion a fu gynt yn rhai digon cyfyng gan beri 'run pryd ein bod, fel y gwnaeth Twm Huws o Ben y Ceunant a Roli bach ei frawd gynt, yn sylweddoli nad oedd gwyrthiau'r Arglwydd wedi eu cyfyngu'n llwyr beth bynnag i 'lannau'r Fenai dlawd'.

Safle o anrhydedd i un o hen longau'r Port

Oddeutu deng niwrnod wedi iddi gael ei hagor yn swyddogol gan Rhodri Morgan digwyddem fod yn Abertawe, a dyma roi sgowt o gwmpas Amgueddfa Genedlaethol y Glannau, yr amgueddfa newydd gyffrous sy'n adrodd hanes blaengaredd a diwydiant Cymru dros y tri chan mlynedd diwethaf.

Roedd hi'n wyliau hanner tymor yr ysgolion, a'r lle, o gofio fod y pris mynediad yn rhad ac am ddim, o dan ei sang. Mae i'r amgueddfa gyfanswm o bymtheg o orielau thematig yn esbonio sut beth oedd byw a gweithio yr adeg honno yn un o wledydd diwydiannol cynta'r byd, a buom yn crwydro dow-dow o'i chwmpas am ddwy awr a rhagor, er y cymerai ddyddiau, decini, i ddyn leibio'r cyfan i'w gyfansoddiad ac i wneud cyfiawnder llwyr â'r arlwy a oedd ar gael.

Afraid nodi, hwyrach, mai Oriel y Môr a aeth â'n bryd ni oblegid yn honno ceir cipolwg ar hanes y Gymru ddiwydiannol drwy fwrw golwg ar longau, ar gynnyrch ac ar gymunedau pedwar porthladd, gyda'r Port yn un ohonynt.

Nid yn annisgwyl, rhoddir sylw i'r diwydiant allforio llechi, eithr y crair hynotaf o ddigon yno, mewn safle freintiedig i ddwyn sylw pawb, ac mewn câs gwydr o'r llawr i'r to i'w diogelu, yr oedd model enfawr o un o hen longau hwyliau Porthmadog, yr *M.A.James*.

Wrth ddotio ati roeddwn i'n dwyn ar gof y flwyddyn 1977 pan oedd un o'n cymdogion ni yma ym Mhorth-y-gest acw, y ddiweddar Ann James Garbett, Bro Mebyd, wrthi'n brysur yn ysgrifennu ei chyfrol ddifyr o atgofion plentyndod, *Llestri Pren a Llechi*. Ac fe'i clywais droeon yn sôn yn hiraethus am yr *M.A.James*. Yn wir, gellid dadlau mai'r hen long yw un o brif gymeriadau'r gyfrol. Onid un o longau teulu'r awdures ydoedd?

Ac o ddarllen, ceir cipolwg ar fywyd mewn harbwr

prysur yn ystod ei oes aur, cip hefyd ar ei fasnach ynghyd â'i gysylltiadau â phorthladdoedd eraill y byd.

Un o longau'r tri mast arferol oedd yr *M.A.James*, a ddaeth o iard David Williams yn 1899 ac a gostiodd ddwy fil o bunnoedd i daid Ann Garbett i'w phrynu. Ef oedd berchen yr *Ellen James* yn ogystal. Perthynent i ddosbarth o sgwneri gosgeiddig y daethpwyd i'w hadnabod fel yr Western Ocean Yachts, oedd yn masnachu'n bennaf â Newfoundland a Labrador ac a oedd wedi eu llunio o dderw Cymreig a'u gwytnwch yn brawf o fedrusrwydd y cynllunwyr, y seiri a'r crefftwyr a'u cododd. Roedd wedi ei henwi ar ôl nain a chwaer Ann Garbett, sef Margaret ac Ann James, dwy a fu ar un adeg yn cadw siop boneti ffasiynol ar Stryd Fawr y Port, tra bod clwstwr o flodau glas y gors wedi ei gerfio'n fedrus i addurno'r bow a'r rheini o gwmpas cerflun pren o Ellen James, unig chwaer ei thad.

Glanaber (lle mae'r tenor aml ei lawryfon, Glyn Williams, a Rhiannon ei wraig yn byw heddiw), oedd cartref Ann a'i chwiorydd bryd hynny a bu ei thad, Richard Jones, yn gapten ar yr *M.A.James* o 1900 hyd 1917 a'i frawd John, yntau wedyn yn gapten yr *Ellen James*. Byddai'r plant yn gwylio'r llongau'n gadael bob tro ond yn hen edrych ymlaen yr un modd hefyd at eu dychweliad i ganfod pa fath o anrhegion a fyddai ar eu cyfer bob un. Mor hoff ganddynt hefyd oedd derbyn cardiau drwy'r post o fannau pellennig fel Hambwrg, Gibraltar, Cadiz, Leghorn, Copenhagen, Napoli a St John, Newfoundland.

Roedd yr *M.A.James* nid yn unig yn hardd yr olwg ond yn un â gair o fod ymhlith y cyflymaf hefyd. Ym mis Mawrth 1903, fel enghraifft, mewn tywydd eithaf tymhestlog, ac yn cario llwyth o lechi, fe dorrodd y record drwy wneud y daith o afon Glaslyn i afon Elbe yn yr

Almaen, taith o fil o filltiroedd, mewn pedwar diwrnod a hanner. Dro arall wedyn bu i'r ddau frawd rasio yn erbyn ei gilydd o Newfoundland, taith o ddeng niwrnod ar hugain, gan gyrraedd adre yn y diwedd bron ochr yn ochr â'i gilydd.

Mae sôn i'r Dr Wilfred Grenfell o Labrador, neb llai, gael te ar ei bwrdd un waith pan ddaeth i roi triniaeth i aelod o'r criw a oedd wedi cael anaf difrifol i'w fys. A dyna Rofer, y ci Newfoundland, addfwyn a theyrngar, ffefryn gan bawb, a fu'n rhan o'r criw am gyfnod, neu deithiwr arall, un o fwncïod Gibraltar a oedd mor hoff o ddringo'r mastiau a chyflawni pob mathau o driciau rhyfeddol ar y rigin.

Gallai teithiau ar draws Gogledd Iwerydd fod yn rhai peryglus yn aml pan orfodid hwy i wynebu enbydrwydd cynddeiriog, gyda'r tonnau'n cau fel mynyddoedd amdanynt, a'r hwyliau'n torri'n racs gyrbibion. Gelyn arall a'i hwynebai wedyn wrth nesu ohonynt at arfordir St John, dyweder, oedd y niwloedd oer a thrwchus wrth iddynt ymlafnio drwy fôr a oedd, yn y gaeaf beth bynnag, yn rhewglwm.

Daw'r gyfrol *Llestri Pren a Llechi* i'w therfyn ar nodyn trist pan gyfeirir at farwolaeth y ddau gapten, sef y ddau frawd ar yr un diwrnod yn union ym mis Medi 1951: John (ewythr Ann Garbett) yn gynnar yn y bore a Richard, ei thad, yn yr hwyr. 'Mynd,' chwedl hithau, 'yn fechgyn efo'i gilydd ar eu mordaith gyntaf ac, yna yn eu henaint mynd wedyn ar eu mordaith olaf, fel petai, i mewn i'r porthladd tawel clyd, yr hynaf ar lanw'r bore a'r ieuengaf gyda llanw'r hwyr.'

Eithr beth fu diwedd yr *M.A.James*? Fe lwyddodd yn wyrthiol i oroesi peryglon y Rhyfel Mawr. Ond fe aed â hi ar draws yr Atlantig am y tro olaf yn 1917. Yna fe'i gwerthwyd i'r Plymouth Co-operative Society ac ymhen deng mlynedd ei gwerthu drachefn i'r Capten W. J. Slade o Bideford, cyn i'r Morlys ei hawlio ar gyfer rhyw ddiben pellach o 1939 i 1945.

Ar derfyn yr Ail Ryfel Byd fe'i gadawyd mewn cyflwr truenus i bydru rywle yn aber afon Torridge yn Nyfnaint. Yr ardal honno, gyda llaw, y fro rhwng y ddwy afon Torridge a Taw, oedd yn gefndir i glasur Henry Williamson, *Tarka y Dwrgi* ac, os gwir y sôn, ar ddechrau'r ffilm a wnaed o'r stori caed siot sydyn o weddillion adfeiliedig yr hen long. A suddo'n is i'r llaid a'r tywod fu ei hanes byth wedyn er y gellir, meddan nhw, gael cip ar rai o'i gweddillion yn ymwthio i'r golwg ar ambell lanw go isel.

Ond er sicrhau nad âi yn angof llwyr, fe wnaed model hardd ohoni gan y ddau grefftwr, John Weston Thomas, Gwaelod-y-garth, Caerdydd a Don Taylor, Casnewydd, sef y model a fynnodd ein sylw ni y diwrnod hwnnw, ac sydd yn cael lle mor amlwg ac anrhydeddus bellach yn Amgueddfa Genedlaethol y Glannau yn Abertawe. Mae'n goffâd tra theilwng i'r llong a oedd yn gynrychiolydd mor nodweddiadol o sgwneri Llynges Newfoundland, ac a ddaeth â chymaint o glod a gwaith a ffyniant i Borthmadog yn ystod y bedwaredd ganrif ar bymtheg.

Byw mewn gobaith

Byddaf yn sylwi o fis i fis bod nifer o garedigion ein papurau bro yn cyfrannu symiau amrywiol o arian i'r coffrau. A da hynny, wrth reswm. Mae pob hatling yn dra derbyniol er sicrhau a diogelu eu dyfodol a'u parhad.

Ond peth arall, go wahanol, yw i unigolion cefnog adael symiau sylweddol mewn ewyllys, dyweder, i gynnal rhyw fudiad neu sefydliad a ddigwydd fod yn agos at eu calon. Byddai gorfoledd mawr yn rhengoedd swyddogion yr Eisteddfod Genedlaethol, fel enghraifft, unrhyw fudiad anghenus yn wir, pe dôi rhyw filionêr dwbwl o rywle i'r adwy gan adael holl weddillion ei eiddo daearol er eu lles.

Nid bod y cyfryw haelioni yn cael ei arddangos yn aml chwaith, er bod pethau rhyfeddach wedi digwydd o dro i dro, mae'n wir. Ond, mewn difri calon, ystyrier yr hyn y sylwais arno mewn cyfnodolyn yn ddiweddar, sef rhestr o gymynroddion amrywiol a ddyfarnwyd o bryd i'w gilydd, yn y byd gwallgo sydd ohoni, i achosion, rai ohonynt beth bynnag, yn achosion digon anhaeddiannol.

Dyna'r gyntaf, sef yr Iarlles Carlotta von Liebenstein o Dwscani. Fe bluodd honno'n eithriadol o dda. Yn ôl ei hewyllys hi yr oedd trigain miliwn o bunnoedd i'w budd-soddi er cynnal y plasdy a fyddai'n gartref i Gunther, i dalu am fwtler i ddawnsio tendans arno bedair awr ar hugain y dydd ac i redeg cerbyd modur BMW cryf i fynd ag ef ar ambell daith. Ci alsatian, pedigri o waed coch cyfan, gyda llaw, oedd y dywededig Gunther.

Disgwyl ailddyfodiad Crist unrhyw ddiwrnod yr oedd Ernest Digweed o Bortsmouth wedyn. Ystyriai ef fod tri chan mil o bunnoedd yn ddigon o gyfalaf i sicrhau na fyddai unrhyw angen ar yr Iesu pe dychwelai rywbryd yn ystod y chwarter canrif nesaf.

Doedd Violet Neal, o Halifax, fodd bynnag, ddim yn berchen ar ormod o dda'r byd hwn, ond yr hyn a allai ei roi, fe'i rhoddodd, drwy ddatgan fod y cyfan o offer ei chegin, ar derfyn ei hoes hi, yn cael eu rhannu'n gwbl gyfartal rhwng deg o'r darllenwyr newyddion a fyddai'n ymddangos ar ei sgrin deledu o dro i dro.

Uchelgais i fod yn actor oedd gan Juan Potomachi, ac fe ewyllysiodd ef ddeng mil ar hugain i theatr yn Buenos Aires, ar yr amod y byddent yn cadw ei benglog, wedi iddo ymadael â'r fuchedd hon wrth reswm, i'w ddefnyddio fel prop yn yr olygfa enwog honno yn Hamlet. Nid 'Iorig druan', ddywedid wedyn, decini, ond 'Potomachi druan'!

Un digon crintachlyd oedd John Collins o Lundain, yn ôl y sôn. Un eitem yn unig a adawodd ef i'w annwyl wraig, sef pâr o drowsus, am y dadleuai mai dyna'r unig beth y rhoddodd hi oes i ddymuno ei wisgo pan oeddynt yn cyd-fyw â'i gilydd!

Mae'n wir i weddw o Ddyfnaint adael dwy fil i'w hunig berthynas waed, er iddi ddyfarnu fod y gweddill – ac yr oedd y gweddill hwnnw'n un sylweddol – sef dwy filiwn, yn cael ei gyflwyno i goffrau'r Llywodraeth er lleihau y mymryn lleiaf ar y ddyled genedlaethol.

Yr unig Gymraes ar y rhestr yw Gwladys Stone, o Gasllwchwr. Roedd hi'n berchen ar stôr dda o emwaith a thlysau amrywiol, ond ei bod mewn cryn gyfyng gyngor i bwy i'w gadael. Er datrys ei dilema, deddfodd fod y cyfan o'i merched yng nghyfraith yn dod at ei gilydd ar ddydd ei hangladd hi i ymryson uwch ben pac o gardiau, a'r un a fyddai'n codi'r cerdyn uchaf, boed As, dyweder, neu Frenin, oedd i etifeddu'r cyfan wedyn.

Llawer mwy ffodus fu lodes fach gyffredin yn ei harddegau o'r enw Valerie Shepherd. Arferai hi wasanaethu byrddau amser cinio yn Nhafarn yr Alarch Du, rywle yng ngogledd swydd Efrog. Yr unig beth a wnaeth hi, un canol dydd, oedd gwneud ei rhesymol ddyletswydd drwy roi gwên fach groesawus i un o'r cwsmeriaid. Yn gyfnewid am cyn lleied â hynny o raslonrwydd, gadawodd rhyw William Bulmer y cyfanswm anrhydeddus o £162,651 iddi. Gwers y stori fach yna felly, yw y tâl i ni oll wenu.

Ac yn olaf, er nad yn sicr y lleiaf, dyfarnodd newyddiadurwr o'r enw Tom Biggs, fod cyfanswm o bum mil a deugain o'i eiddo ef yn cael ei ddefnyddio gan un o adrannau ymchwil Prifysgol Birmingham, i ganfod beth yn union sydd yn gwneud pobl yn hapus. Buddsoddiad gwerth chweil, debygwn i.

Wel oes, y mae gobaith felly hyd yn oed i ambell bapur bro. Pwy a ŵyr na fydd i ryw feudwy cefnog, ryw ryfedd ddydd a ddaw, gofio amdanom ninnau yn Nyffryn Madog acw drwy adael ar ei ôl swm bach teidi i sicrhau y gellir cyhoeddi rhifynnau swmpus, lliwgar, sgleiniog, glosi o safon o'n papur bro ninnau o fis i fis – ac, ar ben hynny, y gellir talu'n hael i'r golygydd am ei ddirfawr lafur yntau; yn bwysicach fyth y gellir cydnabod gohebyddion â sieciau tewion am eu haberth hwythau. Siawns na fyddai'r un prinder am gyfranwyr erthyglau wedyn! Byddent yn sathru ei gilydd yn eu hymryson i anfon eu deunydd.

Does dim ond lle i obeithio felly. Wedi'r cwbl, onid y bardd hwnnw o Sais, a ddadleuai un tro, fod gobaith yn ffrydio'n dragwyddol yn y fron ddynol? Os oes gan unrhyw feudwy cefnog mewn unrhyw ardal glustiau i wrando felly . . . boed iddo ddwys ystyried yr holl bethau hyn.

Rhodd o wy cornchwiglen

Bore braf tua diwedd Gorffennaf oedd hi. Cloch y ffôn yn canu oddeutu hanner awr wedi deg a rhywun yr ochr arall yn fy nghyfarch yn y Saesneg crandiaf ac mewn acen goeth eithriadol.

'Is that Wil Owen . . ?'

Wel! Allwn i lai na chytuno. Doedd gen i fawr o ddewis p'run bynnag. A dyma gyfadde'n syth mai fi oedd y dywededig ŵr y cyfeiriai ato.

'I'm afraid you must be prepared for quite a shock,' cyhoeddodd y llais cyn mynd ymlaen, beth yn betrusgar, i ychwanegu, 'You may even not remember by now that I ever existed . . . It's Lucinda . . . Lucinda Wolstenholme these days of course.'

Pwy ar wyneb daear lydan ydi hi tybed, meddyliais innau'n dra dryslyd. Doeddwn i ddim yn 'nabod yr un . . .

'Lucinda, late of Trewyn Hall, Carreg-lefn, many, many years ago.'

'Rargoledig! Roedd hi wedi bod yn llygad ei lle yn fy mharatoi ar gyfer andros o sioc. Ei chofio hi? Debyg iawn 'mod i'n ei chofio hi er bod trigain mlynedd a rhagor wedi gwibio heibio er pan dorrais air â hi ddiwethaf hefyd.

Daeth yr atal deud rhyfeddaf drosta' i! Liwsi Plas Trewyn, myn brain i! Wyddwn i ddim tan yr eiliad honno ei bod hi'n dal ar dir y rhai byw, er ei bod yn amlwg ei bod hi. 'Doedd hi, neno'r tad, yn traethu'n dra huawdl o'r pen arall. Eithr be aflwydd oedd hi eisiau wedi'r holl flynyddoedd tybed? A sut y llwyddasai i gael gafael arna i? Erbyn deall doedd hi eisiau fawr ddim.

'Someone told me you were living in the Portmadoc area and now that I've caught up with you . . .' ac ati ac ati.

Tybed a allen ni drefnu i gyfarfod yn rhywle? Fel roedd pethau'n digwydd bod fe fwriadai hi a rhai o'i theulu, ei merch a'i mab yng nghyfraith ynghyd â dwy wyres fach, rentu bwthyn yn ardal Aber-soch ar gyfer wythnos olaf mis Awst ac, yn ôl yr hyn y gallai hi ei glandro o astudio'r map, doedd fanno ddim ond rhyw hanner awr go dda o Forth-y-gest. Allai hi alw heibio am sgwrs? Fe fyddai hynny'n dra dymunol.

Llai na brwdfrydig, waeth cyfadde ddim, oeddwn i. Cyfle i hel atgofion am yr *old times*, myn coblyn! Pa hen atgofion? Digon prin oedd fy rhai i, beth bynnag. A hyd yn oed os oedd ambell un yn dal i lechu yng nghilfachau'r co', rhai digon taeog o'r cyfnod pell yn ôl hwnnw oeddynt. Diawch erioed! Onid rhyw bathaw wythmlwydd oeddwn i bryd hynny, un wedi ei gyflyru i sylweddoli yn union beth oedd ei le yn yr hen fyd yma? Yn wir, onid yr ymdeimlad o wybod eu lle oedd wedi ei ddwyfol ragordeinio ar gyfer plant y werin yn yr arfaeth fawr ei hun yr adeg honno, a thra bod un o'i chalibr hi wedi ei geni'n freintiedig, â llwy aur yn ei cheg, unig blentyn y Major John Edmund Pryse Kyffin, MC, DSO, a Bar, a Winifred, ei wraig.

Nawr, rydw i eisoes mewn man arall wedi ceisio traethu llên y Pryse Kyffins, y teulu bonheddig a ddaethai i fyw ar eu harian i Blas Trewyn, yr hongliad hwnnw ar gyrion ein pentre ni, rywbryd yn ystod blynyddoedd cynnar yr Ail Ryfel Byd. Ceisiais ddangos fel y magwyd Lucinda Margaret Emily, eu hetifedd, mewn wadin, fel y bu cynllunio hir a bwriadus i sicrhau nad oedd yr un chwa o wynt yn meiddio tarfu arni, ac fel y meithriniwyd hi ar ddidwyll laeth, honedig faethlon, Ffiona Wendy, yr hen afr wen ddrewllyd honno a gedwid yn gaeth ganddynt wrth gatan o rensan i sglaffio'r drain a'r mieri yn y 'Gorsey Field', chwedl nhwtha.

Doedd hi, Liwsi (yn ei chefn wrth reswm y cyfeirid ati fel Liwsi) – Lucinda oedd weddus a phropor ar gyfer pob achlysur arall – ddim wedi mynychu ysgol y pentre fel y gweddill anwar ohonom. Wedi'r cwbl, fyddai o ddim yn deilwng o un o'i thras i dywyllu drws sefydliad mor iselwael. A dyna pam, rhag iddi dyfu'n gam, y cyflogwyd Nanny Claire i ddod i Blas Trewyn i'w thinpwl, a than gyfarwyddyd yr hen ferchetan fain, fodist honno yn gweithredu 'run pryd fel rhyw fath o *governess* yn y nyrsri y derbyniasai'r eneth y cyfan o'i haddysg nes bod yn unarddeg oed. Yna, er bod y teulu wedi hen ymadael â'r ardal erbyn hynny, fe'i hanfonwyd i ysgol breifat ddrud i ferched ym mherfeddion Lloegr ac, fel petai hynny chwaith ddim digon, i fwrw tymor mewn *finishing school* rywle ar y Cyfandir.

Er mai teg bellach fyddai i rywun holi sut a pham, yn

enw popeth, y deuthum i o bawb, un o gefndir tra gwahanol yn ei flynyddoedd ffurfiannol, i symud mewn cylch mor ddethol? Nid 'mod i, cofier, wedi bod yn llwyddiant rhy ddisglair wrth geisio addasu i fyd mor ddieithr. Mam oedd yn gyfrifol.

Daethai Mrs Winifred Pryse Kyffin i lawr i'r siop yn y pentre' un bore i holi'n daer tybed oedd yna rywun yn rhywle y medrai hi ei chyflogi i ddod i'r Hall am ychydig oriau, rhyw deirgwaith yr wythnos, dyweder, i roi cymorth iddi hi efo'r *chores*. Yn wir, roedd hi'n bur ddesbrad canys roedd yn gas ganddi hen *chores*, y golchi, y smwddio, y llnau, yr erlid llwch ac ati.

Ar Mam y syrthiodd y goelbren. O leiaf hi wirfoddolodd i ymgymryd â'r dasg. Byddai swlltyn neu ddau ychwanegol yn gaffaeliad i chwyddo'r ychydig a grafai 'Nhad am weithio i Mr Bradley yn Llanol. Cawn fynd i'r Plas i'w chanlyn ambell waith a thra byddai hi yn chwys ac yn llafur yn gydwybodol ymhél â'i goruchwylion, y *chores* bondigrybwyll, fe'm tywysid innau i'r nyrsri i seiadu yng nghwmni Lucinda Margaret – er mai dyn yn unig a ŵyr beth oedd ansawdd y ddeialog rhyngom ar yr achlysuron hynny. Wedi'r cyfan, braidd grap ar y llythrennau yn yr iaith fain oedd gen i ond gwn i mi gael dirfawr bleser yn gwyllt farchogaeth y ceffyl siglo gwinau yno. Fe ryfeddwn yn gegrwth yr un modd ar ogoniannau'r tŷ doli oedd bron hanner cymaint â'n tŷ ni gartre ac wrth fyseddu'r dwsinau ar ddwsinau o deganau meddal a oedd yno: menajari o deigrod ac eliffantod, cathod a chwningod, eirth a mwncïod ynghyd ag ambell glown a goliwog, tedi a sebra. Dotio wedyn at yr aneirif lu o ddoliau yr oedd y ddawn ganddynt i gyflawni gorchestion rhyfeddol fel cau llygaid i wincio, galw 'Mam', a hyd yn oed i gyflawni campau, os camp hefyd, mor syfrdanol, er cwbl ddi-fudd, â gwlychu clwt! Welswn i undim tebyg erioed. Ambell waith hefyd caem ryddid i fynd allan i ardd gysgodol y Plas i grafangu fel gwiwerod i fyny ac i lawr y ffrâm ddringo, i ryfygu ôl a blaen mor uchel ag oedd modd ar y siglen ac i godi cestyll ar y llwythi tywod oedd wedi eu cludo yno o Gemaes.

Mewn dim o dro roeddem ein dau wedi dod i ddeall ein gilydd fel chwip a thop. Doedd bosib bod yna egin garwriaeth yn bygwth blaguro a bod merch y Plas ar fin ysgubo llencyn tra gwahanol ei dras yn llwyr oddi ar ei draed. Yn sicr, os dim arall, roedd yn y sefyllfa ddeunydd darn o nofel wedi goroesi o oes Fictoria. Weithiau hefyd cawn fynd am dro efo'r teulu yng ngherbyd nobl y Major, yr unig gerbyd o'i fath yng ngogledd Môn, debygem ni, i Gaergybi neu i Borth Swtan neu i gael picnic ar y traeth ar ôl bod yn golchi'n traed yn nŵr cynnes Bae Cemlyn.

O leiaf fe gyflwynwyd rhyw elfen o groes neu draws beilliad cymdeithasol gan y berthynas. Fe gefais i gipolwg ar fyd tra gwahanol, un na freuddwydiaswn am ei fodolaeth erioed o'r blaen. Yr un pryd yr oedd rhwbio rhyw gymaint yn yr aristocrasi wedi bod yn gyfrwng i wella rhyw gymaint ar fy Saesneg ac, o geisio efelychu'r ffordd y byddai'r Major yn traethu, i ddiwyllio peth ar fy acen yn ogystal. Roeddwn i'n prysur wadu'r graig y naddwyd fi ohoni. Beth, fodd bynnag, a gafodd hi o'r berthynas sy'n gryn gwestiwn?

* * * *

Mae'r olygfa'n awr yn newid; toddi o ogledd Môn canol pedwardegau'r ganrif ddiwethaf i Forth-y-gest yn nghwmwd Eifionydd fis Awst 2006 drigain mlynedd hir yn ddiweddarach. Gŵr penwyn yn ei oed a'i amser, nid y pathaw wythmlwydd bellach, yn pletio bodiau yn lled nerfus wrth ddisgwyl clywed sŵn cerbyd yn arafu ac yn aros y tu allan, a chyda hynny, rywun yn curo ar ei ddrws. Gwraig, hithau yn ei hoed a'i hamser, yn ei thrigeiniau hwyr sydd yno yr un mor ansicr ohoni hi ei hun wrth gamu dros y trothwy. Mae'r cyfan o'r naill du yn stiff ac yn swyddogol a'r geiriau priodol ar gyfer yr achlysur fel pe baent yn gwrthod, o leia'n amharod, i ddod i'r adwy.

'Its . . . its . . . v . . . very nice to see you . . .'

Hithau, gydag awgrym o gyfarthiad yn ateb,

'It's taken quite some time, has it not?'

'Steddwch! Dyma'm gwraig ylwch. Dydach chi ddim wedi ei chyfarfod hi naddo . . . Wnaethoch chi fwynhau Aber-soch . . . Oedd y bwthyn yn plesio . . . Mi gawsoch dywydd da, 'n do?'

Rhyw raffu ystrydebau fel yna. Roedd dyn, wrth reswm pawb, wedi rhag-weld y byddai cynnal sgwrs yn beth digon anodd, yn wir yn tueddu i amau pa ddiben mewn gwirionedd fu trefnu cyfarfyddiad o'r fath? Doedd gennym undim yn gyffredin drigain mlynedd ynghynt. Diau y byddai gennym lai yn awr.

Ond eto doeddwn i ddim mor siŵr, oblegid yn raddol, eithr yn gwbl sicr, fe giliodd y stiffrwydd, dychwelodd y geiriau, fe gaed gwared â'r ystrydebau ac o fewn dim roeddem ar yr un donfedd yn ymlacio'n braf ac yn chwerthin yn harti wrth gyfnewid atgofion am hyn a'r llall ac arall. Ond beth oedd wedi digwydd i'r hen wahaniaethau dosbarth? Doedden nhw ddim fel pe baent yn bod bellach.

Tueddu i gymryd y fagwraeth a gawsai mewn wadin yn lled ysgafn yr oedd hi o edrych yn ôl. Doedd llaeth Ffiona Wendy wedi'r cwbl ddim wedi ei harbed rhag datblygu un neu ddau o hen afiechydon pur ddiflas mewn cyfnodau diweddarach. Doedd bywyd ddim wedi bod yn fêl i gyd iddi chwaith. Mae'n wir na fu i unrhyw awelon croesion chwythu i'w chyfeiriad yng nghyfnod Plas

Trewyn ond dioddefasai frath miniog ambell ddwyrein-wynt droeon wedi hynny. Yn un peth, roedd ei phriodas wedi chwalu, rhywbeth, roedd hi'n amlwg, a barodd ddirfawr loes iddi ond bu iddi bedair o ferched a châi gryn gysur yng nghwmni ei hwyrion a'i hwyresau. A ph'run bynnag, chwedl hithau, roedd rheidrwydd arnom oll i symud ymlaen.

Ond yn ôl ac yn ôl y mynnai ddychwelyd gyda'i hatgofion am ddyddiau dibryder os peth clawstrophobig cyfnod Plas Trewyn. Oeddwn i tybed yn cofio 'mod i wedi cyflwyno anrheg pen-blwydd go arbennig iddi un tro?

Nefi drugaredd nac oeddwn.

'Well,' meddai, a direidi lond ei llygaid, 'don't you remember coming to the Hall one midday in a pair, if I may say so, of very muddy little wellington boots whilst clutching a plover's egg in a very grubby little hand, and presenting it ceremoniously to me as a birthday gift?'

Sôn am sifalri! Onid oeddwn i wedi marchogaeth ar garlam ar farch gwyn i gipio etifedd Plas Trewyn roedd hi'n amlwg 'mod i o leiaf unwaith, os gwir ei stori hi, wedi ceisio ennill ei llaw drwy gynnig wy cornchwiglen iddi. Diau y byddai rhywun o galibr Barbara Cartland wedi llwyddo i wneud môr a mynydd o'r peth pe cawsai hi yr hanes.

Ond o ble, tybed, y cawswn i afael ar rodd mor hael a oedd yn arddangosiad mor ddigamsyniol o ddyfnder fy serch tuag ati bryd hynny? Mae'n wir y byddem yn sgut am gasglu wyau cornchwiglod. Doedden nhw ddim yn adar prin na than fygythiad 'radeg honno, a doedd undim o'i le, debygem ni, hogiau'r wlad, ar gribinio'r caeau a'r gweunydd i ysbeilio eu nythod. Onid oedd wy corn-chwiglen wedi ei ferwi'n galed, y gwynwy wedi troi'n lliw arian a'r melynwy ag arlliw oren arno, yn flasusfwyd tra amheuthun? Dichon 'mod i wedi treulio bore cyfan yn chwilio ac yn chwalu yn y manfrwyn ar gyrion Cors 'Refail am un iddi ac mai dyna sut y cyrhaeddais i Blas Trewyn i guro ar ei drws â'r llaid 'dat fy mogail. Eithr, yn ôl y dystiolaeth drigain mlynedd yn ddiweddarach, roedd y rhodd wedi rhoi pleser nid bychan i'r derbynnydd. Aethai ag o yn syth drwodd, meddai hi, i Nanny Claire i archebu *plover's egg salad* ar gyfer ei the!

Er mai methiant arwrol fu'r cyfan, rwy'n ofni. Druan ohonof. Roedd hi'n amlwg y byddai angen cynnig rhywbeth tra amgenach nag un wy cornchwiglen i gael y maen i'r wal. A ph'run bynnag, ni chaed fawr o gyfle wedi hynny i adeiladu ar y sylfeini yr oeddwn i yn llesg obeithiol wedi eu petrusgar osod. Yn fuan wedyn fe symudodd y teulu bonheddig o'r ardal a phrin, ac eithrio ambell gerdyn 'Dolig ar derfyn blwyddyn, fu'r cysylltiad rhyngom wedi hynny. Cyn hir fe beidiodd hyd yn oed y cardiau 'Dolig â chyrraedd.

Dim tan y prynhawn hwnnw o Awst 2006 pan fu i lwybrau Lucinda Margaret Emily Pryse Kyffin, Wolstenholme bellach, a minnau groesi unwaith yn rhagor; a melys odiaeth, rhaid cyfadde, fu'r sgwrsio dros deirawr a rhagor unwaith y bu i straen gychwynnol y munudau cyntaf gilio. Ond beth, fe ddaliwn i holi, oedd wedi digwydd gan fod yr hen wahaniaethau wedi llwyr gilio? Pwy oedd wedi newid? Ai hi? Ai fi? Ai'r ddau ohonom? Nid oedd modd barnu'n hollol ond wedi iddi adael bûm yn myfyrio'n hir yng nghylch rhai o'r pethau a fu'n destun ein trafod yn ystod y seiat atgofus honno. Yr hyn a barai synnu fyth ar synnu oedd fod derbyn rhodd mor gyffredin ag wy cornchwiglen yn anrheg penblwydd wedi gadael argarff mor annileadwy ar y derbynnydd fel ei bod yn cofio pob manylyn o'r digwyddiad dri chwarter oes yn ddiweddarach. O'm rhan fy hun wedyn tueddwn innau i holi'n bendronog tybed, tybed

beth fuasai wedi digwydd petawn i wedi llwyddo i fynd ddim ond un cam ymhellach ac wedi cael gafael rywle – er na wn i ddim o ble – ar wy ffesant, yr aristocrat hwnnw o blith adar, a chreadur hynod brin yn ein hardal ni 'radeg honno, yn anrheg iddi. 'Rargoledig! Hwyrach y buasai hynny wedi g'neud y tric.

Eithr taw piau hi rhag i mi ddechrau rhamantu ar drywydd dychymyg fel sy'n eiddo awduron nofelau rhad Mills a Boon; ac onid doeth yr un pryd fyddai i ddyn gofio rhybudd hen wraig ei Fam 'stalwm, mai peth peryg ofnatsan yw i ddyn hyd yn oed feddwl am godi uwchlaw ei sefyllfa. Doedd dim ond cwymp go egar, chwedl hithau, yn aros y cyfryw rai.

'Dolig othentig

Rwy'n gofidio'n fawr i mi golli'r cyfle. Yn wir rydw i'n difaru am bob blewyn sy ar fy mhen i. Ac o sôn am wallt pen gallaf ymffrostio yn y ffaith fod gen i gnwd eithaf toreithiog yn aros o hyd er ei fod wedi newid ei liw yn bur helaeth erbyn hyn, gwaetha'r modd; ond cystal iddo newid ei liw na newid ei le, fel yn achos rhai, decini.

Colli bargen wnes i, un a gynigiwyd mor rhad i ddyn mewn maelfa Pound Stretcher neu Hyper Value ('ta Hypa Xtra tybed oedd yr enw uwchben y drws, petai wahaniaeth am hynny) i lawr tua'r Sowth 'na, yng Ngors-las ger Llanelli.

A ninnau ar drothwy'r 'Dolig, fe ddyliwn fod wedi neidio i fanteisio ar gyfle mor euraid a phrin, yn arbennig felly o gofio nad yw cyfleon o'r fath yn dod i'n rhan ond unwaith neu ddwy mewn oes. Ond wnes i ddim, ac fe fydd raid i mi dreulio gweddill fy nyddiau ar yr hen ddaear 'ma'n dirfawr alaru o'i blegid.

Câi popeth ar un stondin, popeth dealler, ei gynnig am bunt yr eitem. Roedd pecynnau, er enghraifft, yn cynnwys tiwnig Siôn Corn, ei legins, ei gap, ei farf wen a'i sach, yn gwerthu fel slecs; gyrroedd o geirw neu Rwdolffiau clwt wedyn, ynghyd â moroedd o wadin i greu eira cogio a thunelli o lwch arian i addurno milmyrdd o sêr plastig. Yn wir, unrhyw beth Nadoligaidd ei naws y gellid meddwl amdano, siwtiau amryliw ar gyfer doethion a bugeiliaid, modelau o Fair Forwyn, defaid, ŵyn, ychen, asynnod, heb anghofio'r preseb gyda'r baban yn gorwedd mewn gwair – y cyfan oll i gyd unwaith eto o'r plastig gorau. Ac, ar fy ngwir, beth welwn i'n rhythu arna i ar y silff uchaf un ond dwsinau o focsys melyn yr oedd pennawd bras yn hysbysebu eu cynnwys gyda chryn falchder:

GET YOUR AUTHENTIC ANGEL WINGS HERE.

A'r rheini, eto creder neu beidio, am ddim ond punt y pâr. Sôn am fargen rhwng dau frawd. Nefi blŵ!

Ia, AUTHENTIC angel wings. A'r gair *authentic* a fynnodd fy sylw, yr hyn o'i gyfieithu a olygai adenydd angylion go iawn, rhai dilys, cwbl ddiledryw, neu, a'i gyfleu mewn Cymraeg modern, y jeniwein articyl. Ac nid o blastig y gwnaed y rhain, dealler, nid o bapur chwaith, ac nid o grêp nac o sidan, dim hyd yn oed o blu, eithr yn ôl y manylion a oedd yn argraffedig ar y bocs, o wneuthuriad llawer mwy cain a gorffenedig.

I feddwl y bydoedd a fyddai'n ymagor o flaen dyn o fod yn berchen ar adenydd angylion go iawn. Nid 'ychydig is na'r angylion' fyddai ei safle wedyn. Fe fyddai gan yr Archangel Gabriel ei hun achos i wylio'i drwmbal:

Dwy adain un angel pe cawn
Ehedwn a chrwydrwn ymhell.

Does wybod pa ddal fyddai ar rywun wedyn!

Ac o feddwl eto, o gofio fod rhai o amrywiol fesuriadau ar gael, beth pe bai dyrnaid o 'blant y Festri' yn cael gafael ar ambell bâr. Sobrwydd mawr! Byddent yn gwibio fel gwenoliaid dros bennau'r gynulleidfa yn ystod eu perfformiad blynyddol o Ddrama'r Geni. Yn wir, rhaid ymatal rhag dyfalu pa giamocs eraill y byddent yn gwbl abl i'w cyflawni.

Ond dyna fo, cyfle a gollwyd oedd o. Dacia. A hyd yn

oed pe dychwelwn ar garlam heddiw i'r Pound Stretcher neu'r Hyper Value honno, galwer y lle a fynner, mae'n fwy na thebyg y byddai'r silffoedd wedi eu 'sbydu'n lân gan gwsmeriaid eiddgar am yr othentig fel nad oes yr un pâr ar ôl. Alla i byth faddau i mi fy hun am fy esgeulustod. Ond boed hynny fel y bo, does gen i mwyach ond o leiaf gobeithio y caiff pawb ohonom Nadolig othentig pan ddaw, mwy othentig, os yw'r fath beth yn bosib, hyd yn oed na phe baem yn berchen ar adenydd angylion Gors-las, Nadolig a fyddo'n un dilys, yn un go iawn a chwbl ddiledryw – y jeniwein articyl felly.

Cadw gwylnos

Waeth ei ddweud o mwy na'i feddwl o ddim, mai tipyn o hen rwystr oedd pob 'Dolig bryd hynny ar ddiwedd y pedwardegau, maen melin, onid yn wir fymryn o gystudd yr oedd yn rhaid ei oddef a'i ddathlu yn ôl y drefn, canys mawr y rhyddhad pan fyddai drosodd, a ninnau'n gallu bwrw esgyrn yr ŵydd i Fflos (Fflos arall oedd honno) a chael gwared arno am flwyddyn arall. Onid oedd pethau tra amgenach ar y gweill gennym wrth inni frwd ddyheu am gael ymarfogi â'n paratoadau gogyfer â chynnal y 'watchneit' i groesawu'r flwyddyn newydd. ('Watchneit' sylwer. Doedd cadw gwylnos ddim yn rhan o'n geirfa ni – nid yr adeg honno, beth bynnag.)

Dan adain y Clwb Ieuenctid yn 'Sgoldy Bethlehem y'i cynhelid, er bod ambell flaenor herciog yn ddigon amharod i roi bendith ar y bwriad, llai fyth ei ganiatâd pan gyflwynwyd cais i gynnal gweithgaredd mor ddi-sylwedd mewn mangre mor honedig gysegredig. Ofni yr oeddid y byddai cynnal rhialtwch o'r fath yn y cyfryw le yn dwyn mawr ddirywiad a llygredigaeth i agwedd foesol y to oedd yn codi, a thrwy hynny beryglu iachawdwriaeth dragwyddol eu heneidiau, er mai'r elfen ryddfrydol a gariodd y dydd yn y diwedd – eithr dim ond ar yr amod y byddid yn arolygu'r cyfan â llygad barcud a phe byddai'r elfen leiaf o'r hyn a elwid yn 'anweddustra' yn bwrw'i ben, yna byddai raid atal popeth ar amrantiad yno yn y fan a'r lle.

Mair Tŷ Lawr oedd y prif ysgogydd ac awdur yr holl syniadau bob gafael tra bod y gweddill ohonom yn gŵn bach eithaf ufudd iddi. Rhoddai hi'r flaenoriaeth yn ddieithriad ar ddewis Llywydd ar gyfer y noson. Amaethwr cefnog fyddai hwnnw fel arfer, rhywun tebyg i'r Major Lloyd Jones, Llanol, dyweder, neu gynghorydd sirol, hyd yn oed ambell Sais a ddaethai i wladychu yn ein plith, un ar gyfrif ei glochdar uwch na'r cyffredin a gawsai ei lyncu dros dro cyn i'r ardal weld drwyddo. Doedd o fawr o ots a ddôi yno i'n anrhydeddu â'i bresenoldeb ar y noson ai peidio. Gorau oll yn wir pe na ddôi o gwbl. Doedd gennym fawr o archwaeth am areithiau llywyddol hirwyntog. Dim ond iddo fynd yn ddwfn i'w boced. Pe gwnâi hynny byddai cyfeiriad at ei 'rodd anrhydeddus' yn *Y Clorianydd* yr wythnos ddilynol.

Sicrhau wedyn fod tocynnau pwrpasol yn cael eu hargraffu'n swyddogol gan Gwmni Caxton yn Amlwch fel bod cenhadon eiddgar yn gallu mynd i bob cornel o'r fro i'w gwerthu – rhywbeth i'r perwyl:

A

GRAND WATCHNIGHT

To be held

in

BETHLEHEM (M.C.) SCHOOLROOM

CARREGLEFN

December 31, 8–12 p.m.

President: **E. H. PARRY Esq., J.P., C.C.**

Entrance to include refreshments **2/-**

Proceeds in aid of village Youth Club

****

Doeddem ni ddim 'radeg honno wedi rhoi'r un ystyriaeth i arddel y Gymraeg mewn cyhoeddiadau o'r fath. Doedd yr iaith ddim mewn unrhyw berygl, neno'r trugaredd. Fuo hi erioed cyn iached ag oedd hi yn ein hardal ni y dwthwn hwnnw – o leiaf dyna fel y gwelem ni bethau.

Cael y *refreshments* o'r ffordd mor fuan ag oedd modd, dyna'r flaenoriaeth ar y noson fawr. Nid bod y byrddau wedi eu harlwyo â basgedigion rhy freision chwaith. Blynyddoedd wedi'r rhyfel oeddynt a chyfnod y dogni heb lwyr ddarfod amdano; brechdanau caws a spam gydag ambell botyn o fitrwd coch a nionyn picl wedi eu gosod yma ac acw i roi min ar y blas a digon o fara brith a thafelli o dorth hada' carwa' i ddilyn, ac os oeddid yn lwcus, gacen gri ac un neu ddwy o'r *maids of honour*.

Mair a finnau, bob yn ail, rannai ddyletswyddau Meistr y Seremonïau. Roedd Mair wedi cyrchu i Fangor wythnosau lawer ynghynt ac wedi pwrcasu ffrog biws daffeta laes grand gynddeiriog efo gwddf isel, gwerth etîn a lefn, o siop Pollecoff neu rywle, ac yn ei swagro hi yn null Anna Neagle neu Jean Simmons y bu'n astudio pob ystum o'u heiddo o weld eu mynych berfformio ar sgrin y Roial yn Amlwch ar ambell nos Sadwrn. Minnau wedyn yn torri cyt yn fy siwt ora' ac yn fy ffansïo fy hun fel Michael Dennison neu Richard Todd. Gwisgwn hefyd ddici bô am y tro cyntaf yn f'oes. Y drwg oedd mai brown oedd lliw fy nghrys a phrin bod crys brown a dici-bô du yn blendio'n rhy lwyddiannus rywsut.

Unwaith yr oedd y byrddau wedi eu clirio ac i'r chwiorydd hŷn estyn cymorth i gwblhau'r gorchwyl o olchi'r llestri yn y gegin groes, roeddem yn barod i roi cychwyn ar bethau. Cofiem, fodd bynnag, fod ystod eang mewn oedran yn cael ei gynrychioli yn ein cynulleidfa a'i bod o'r herwydd yn hanfodol sicrhau cydbwysedd yn ein rhaglen er boddio chwaeth pawb.

I gyfeiliant cymeradwyaeth frwd a stampio traed hoelion mawr o gyfeiriad aelodau'r to iau, dôi Miss Loreta Huws, Tyddyn Creigia', ymlaen i roi datganiad, os braidd yn wichlyd wrth ymgyrraedd at y nodau uchaf, o 'Pistyll y Llan', a phe câi encôr – a doedd dim yn sicrach na châi – byddai wedi trefnu i roi cynnig ar 'Lle Cerddi Di'. Nid nad oedd 'Hwiangerdd Sul y Blodau' yn rhan o'i *repertoire* yr un pryd a phe rhôi gynnig ar honno doedd dim yn sicrach na lwyddai i dynnu deigryn o lygaid y cryfaf.

Giamblar ar yr organ geg a'r piano cordion oedd Twm Cae'r Mynach wedyn, un oedd wedi perffeithio'i ddawn i daro'r 'Eneth Gadd Ei Gwrthod' neu 'Defaid William Morgan', cyn bod erioed sôn am na Hogia Llandegai na'r un grŵp sgiffl yn unman. Ambell jôc, os braidd wedi llwydo, geid gan Robat Jôs Heulfre, er mai fel adroddwr y disgleiriai ef fel arfer a chryn edrych ymlaen at ei glywed yn mynd drwy'r 'Celwydd Golau' mewn dull hynod ddramatig.

Bariton lled gryglyd erbyn hynny oedd yr hen lanc Seimon Wilias, Pylla' Budron. Nid na fu fymryn yn fwy soniarus yn ei ddydd ond yr oedd y blynyddoedd wedi dechrau gadael eu hôl arno ef a'i lais. Enillodd y wobr gyntaf ryw dro am roi datganiad o 'Hen Fugail Hafod y Cwm', mewn *Penny Reading* ym Mynydd Mechell a byth wedyn cawsai rith-weledigaethau achlysurol o fawredd gan beri iddo lwyr dybio wrth ganu ei arwyddgan ei fod yn perthyn yn lled agos i'r Great Caruso neb llai! O gael encôr gallai fynd i chwilio'n syth am yr 'Amen' er mai 'Pwy fydd yma 'mhen can mlynedd?' yn ddieithriad oedd ei ail ddewis; eithr teimlad lled gyffredinol y gynulleidfa oedd ei fod braidd yn rhy optimistig wrth ganu honno rywsut. Os oeddem wedi ymgynnull ar y noson i ddathlu inni oroesi un flwyddyn arall, roedd o'n beth hynod ddigywilydd i'r un ohonom, yn arbennig un fel y fo oedd ar ddannedd ei bedwar ugain yn barod, slensio cant chwaith!

Ond uchafbwynt y rhan arbennig honno o'r rhaglen, unwaith y byddai'r hen frawd wedi cael ei wynt ato a llymaid o ddŵr i iro'i laryncs, oedd ei ddychweliad i'r llwyfan i ymuno â Loreta, Tyddyn Creigia', i gyflwyno'r ddeuawd 'Hywel a Blodwen' ac wrth i'r Pylla' Budron a'r Tyddyn Creigia' addo bod yn deyrngar i'w gilydd am byth byddai'r hwtian a'r chwibanu a'r stampio traed yn cyrraedd cresendo byddarol.

Erbyn hynny tynnai at hanner awr wedi deg ac wrth gyflwyno cystadleuaeth darllen y darn heb ei atalnodi byddid yn rhoi cychwyn i adran ysgafnach y rhaglen – adran y chwaraeon a phethau llawer beiddgarach. Roedd hwyl i'w gael o osod hanner dwsin o afalau i nofio mewn pwcedaid o ddŵr a chael cystadleuwyr i blygu drosodd i godi ambell un i'w geg eithr heb gymorth yr un llaw. A dyna gyflwyno'r parsel o un i'r llall, neu newid cadeiriau a newid breichiau i gyfeiliant Brenda Rhiw yn canu'r piano; a'r fath sbort a fyddai pan ataliai hi ei llaw ac y peidiai'r miwsig wrth i bawb sgrialu i osgoi'r perygl o orfod talu fforffed. Ac yr oedd llawer o feddwl ymlaen llaw wedi mynd i ddyfeisio'r union fforffedion hynny pan orfodid ambell greadur swil i ganu ar ei ben ei hun, dyweder, i ambell hen lanc eistedd ar lin yr eneth ifanc bertaf yn yr ystafell, neu i hen ferch gysetlyd orfod rhoi cusan i'r pen blaenor neu'r codwr canu o dan yr uchelwydd – pethau beiddgar o'u bath yn ymylu ar yr erotig. Heb sôn wedyn am yr orfodaeth ar ryw greadur anffodus i wisgo mwgwd ar gyfer y dasg o geisio dyfalu pwy oedd yn cydio yn ei law. O fethu, disgwylid iddo gofleidio'n danbaid berchennog yr union law honno cyn symud ymlaen at y nesaf a'r nesaf a'r nesaf cyn y llwyddai i ddyfalu'n gywir, er y byddai hynny weithiau yn tueddu i ennyn gwg un o sensoriaid y Sêt Fawr. Onid oeddem dan rybudd parhaus i ymatal rhag meiddio mynd dros ben llestri? Beth bynnag am hynny, os byddai ambell hen gwpwl wedi clicio erbyn diwedd y noson, nid ni'r trefnwyr oedd ar fai.

Am chwarter i hanner nos â'r lampau paraffîn erbyn hynny'n dechrau pylu a'r waliau'n chwys diferol, dôi'r holl rialtwch i ben, ac yn bur hwyrfrydig gorfodid ninnau i gyflwyno'r awenau i ofal y Gweinidog. Byddai yntau'n darllen o'r drydedd bennod o Lyfr y Pregethwr ac yn cyflwyno myfyrdod byr ar dreigliad amser cyn gwahodd pawb i ganu emyn rhif 751 o Lyfr Emynau'r Methodistiaid Calfinaidd:

Tad tragwyddoldeb, plygaf ger dy fron
Ceisiaf dy fendith ddechrau'r flwyddyn hon;
Trwy blygion tywyll ei dyfodol hi
Arweinydd anffaeledig, arwain fi.

Erbyn hynny byddai'r ddau fys ar gloc y 'Sgoldy ar gyffwrdd ei gilydd am hanner nos. Nid na fyddai pawb arall drwy'r deyrnas wedi hen ddechrau dathlu o'n blaenau ni canys roedd ein cloc ni wastad o leiaf bum munud, onid rhagor, yn araf ac ar ôl pawb arall. Ond dyna ni o'r diwedd yn cael dymuno 'Blwyddyn Newydd Dda' i'n gilydd cyn i ni oll wedyn ymwahanu a'i gwneud hi am ein hoedl am adre. Ambell waith byddai darn o leuad i oleuo'r ffordd inni; dro arall ceid bod sgimpan o eira wedi disgyn tra buom yn dathlu ac wrth i'n 'sgidiau greinsio drwyddo byddem yn gwbl fodlon oherwydd i'n holl ddisgwyliadau ar gyfer y noson gael eu cyflawni sawl gwaith drosodd, yn wir wedi troi'n achos a oedd yn sicr o fod yn destun siarad rhyngom am wythnosau i ddod.

Yr unig ofid oedd fod raid aros am ran helaeth o

ddeuddeng mis tragwyddol hir arall cyn y caem hyd yn oed ystyried mynd ati i baratoi ar gyfer dathliad cyffelyb, er bod un cysur hefyd. Roedd 'Nhad ychydig oriau ynghynt wedi rhoi tro yng ngwddf yr hen geiliog Rhode Island Red a fuasai'n gwarchod a gwasanaethu ryw hanner dwsin o ieir acw mor gydwybodol gydol y flwyddyn ac wedi ei bluo, Mam wedi ei drin a'i stwffio a ninnau'n ysu am ei gael efo platiad o datws rhost a thatws wedi eu stwnshio ynghyd â phys a moron a moroedd o refi tew i ginio Calan. Byddai hen gladdu wrth fwrdd y wledd honno yn union fel pe baem newydd ddod o warchae hir, a doedd dim dwywaith amdani na allai'r un dewin fod wedi meddwl am roi cychwyn amgenach i flwyddyn newydd.

Dyrchafiad

Nid wyf yn haeru ei fod yn frîd prin. Yn wir mae'n un tra chyffredin. Yr amcangyfrif diwethaf oedd bod cymaint â thair miliwn ar ddeg yn troedio daear y Deyrnas Gyfunol ar hyn o bryd ac ar ddydd Mercher, yr wythfed o Awst y llynedd, fe ychwanegwyd o leiaf ddau arall at y cyfanswm hwnnw am i ninnau'n dau acw, o'r diwedd, ac am y tro cyntaf, ymuno â'r rhengoedd. Fe'n dyrchafwyd yn aelodau o urdd anrhydeddus y teidiau a'r neiniau.

Cloch y ffôn yn canu un bore ar funud digon anghyfleus canys roeddwn i newydd dynnu cryn lanast yn fy mhen wrth geisio clirio brwgaits a thocio mân goediach yn yr ardd gefn acw. A dyna gythru'n ddigon prin fy amynedd i godi'r derbynnydd gyda'r lanaf o'm dwy bawen i'w hateb.

'Dad?'

'O! Helo, chdi sydd yna?'

'Wyt ti wedi colli dy wynt?'

'Dim ond wrth 'i sgrialu hi o'r cefn yna 'sti.'

'Ma' gin i rwbath i'w ddeud wrthat ti.'

'O?' (digon didaro)

'Dad . . . geshia be . . .'

Ar y funud doeddwn i ddim yn y cyflwr meddyliol priodol i chwarae unrhyw gêm.

'Be sy felly?'

'Dim byd . . . Wel, oes rywsut . . . ond geshia.'

‘’Rargoledig! Fedra i ddim geshio heb rhyw fath o gliw, chwarae teg. A ph’run bynnag bora Llun ydi hi cofia. ’Tai hi’n mynd i hynny, pam nad wyt ti yn dy waith?’

‘Ar fy ffordd yr ydw i rŵan.’

Roedd hi’n amlwg oddi wrth dôn ei llais ei bod mewn hwyliau da beth bynnag oedd dan sylw ganddi.

‘Ble ma’ Mam?’

‘Newydd bicio i Port.’

‘Chdi fydd y cynta i wbod felly.’

‘Yli tyrd . . . beth ar y ddaear fawr? Dwyt ti rioed wedi ennill y loteri?’

‘Rwbath dipyn gwell na hynny dallta.’

‘Gwranda cyw, stopia’r hen rwdlian ’na . . . cartha fo allan yn lle ’mod i ar bigau’r drain fel hyn.’

‘Rwyt ti’n mynd i gael dyrchafiad.’

‘Dyrchafiad?’

‘Rydw i’n disgwl.’

‘A disgwl byddi di hefyd ledi os wyt ti’n aros i mi ddyfalu am be wyt ti’n ’i holmio.’

‘Ma gin i ofn fod raid i chdi gael jochiad reit dda o frandi achos rydw i’n DISGWL . . . DISGWL BABI Dad! Dad . . . Dad wyt ti’n dal i ’nghlywad i? Deud rwbath wir.’

‘Trugaradd fawr!’

‘Rwyt ti am ga’l bod yn daid. Ond deud rwbath . . .’

‘W . . . w . . . wel, be ma rhywun i fod i’w ddeud, tybad?’

‘Mi fedri o leia swnio dipyn bach mwy brwd.’

‘Pwy ddeudodd wrthat ti ’ta?’

‘Newydd ddod o’r syrjeri, er ’mod i wedi ama hefyd.’

‘O! felly.’

‘Wyt ti ddim yn falch?’

‘Wyt ti?’

‘Wrth fy modd siŵr . . . a Gari hefyd . . . ac mi geith Robin fod yn ddewyrth am y tro cynta.’

‘Wela i . . . ond.’

'Ond be'?'

'Pryd?'

'Rywbryd yn ystod wythnos gynta mis Awst ma'r doctor yn 'i glandro.'

'Sut buoch chi mor flêr, dywad?'

'Blêr?'

'Wythnos y Steddfod Genedlaethol o bob adeg i gael babi!'

'Twt, mi gawn ni ddigon o hen steddfoda eto . . . ond cofia ddeud wrth Mam am roi caniad i mi unwaith y daw hi i'r tŷ'n gnei . . . ?'

'Mi wna i . . .', gan roi'r derbynnydd i orffwys.

Er nad oedd fawr o awydd mynd yn ôl at y gorchwyl o glirio'r ardd gefn wedyn chwaith. Yn sicr byddai'r achlysur yn un y bu hen ddyheu ers tro am ei weld yn digwydd, ond ar y funud fe deimlai dyn ei fod yn bur amddifad o eiriau i gyfleu ei deimladau rywsut. Ond, o feddwl, dichon fod ymdeimlad o lawenydd a gorfoledd yn gymysg ag elfen o bryder ac ansicrwydd yn ymateb lled naturiol fel nad oedd raid teimlo'n rhy euog ynghylch y peth. Fyddai rhywun ddim yn ddynol o beidio â chodi rhai amheuon am hyn a'r llall ac arall er i rai o'r ofnau beth bynnag gael eu lleddfu pan gyrhaeddodd ei Mam i'r tŷ ac y torrwyd y newydd iddi hithau; newydd, afraid ychwanegu, a dderbyniwyd â llawenydd mawr dros ben yn ei hachos hi, a hwnnw'n un cwbl digymysg.

'Mhen ychydig wythnosau ar ôl clywed y newyddion da digwyddai 'mod i'n dathlu pen-blwydd arall, carreg filltir gyda llaw sy'n dod heibio'n llawer amlach erbyn hyn, ac fe gyflwynwyd rhodd i mi gan aelod mwy meddylgar nai'i gilydd o'r teulu. Roedd yn gwbl amlwg i'r rhoddwr ei bod y math o beth yr oedd ei gwir angen arna i, sef cyfrol fechan, gwerth wythbunt namyn ceiniog, yn dwyn y teitl *The Insider's Guide to being a Grandparent.* Roedd rhywun am ddangos fod angen hyfforddiant ar ddyn a bod yr addysg honno i'w chael yn rhad i unrhyw egin fyfyriwr oedd yn awyddus i gyfranogi ohoni, dim ond iddo bori'n ystyrlon rhwng y cloriau.

Fe ddysgais yn syth, er enghraifft, fod rôl neu swyddogaeth y taid yn cael ei chydnabod yn fwy heddiw nag odid erioed. Dyna'r parch a ddangosir tuag ati ar draws yr Iwerydd 'na i ddechrau cychwyn, oblegid fe neilltuwyd diwrnod blynyddol arbennig yn ystod arlywyddiaeth Jimmy Carter, sef y Sul cyntaf yn dilyn eu gŵyl Lafur ar y trydydd o Fedi, fel un ar gyfer ei dathlu'n swyddogol a chyda phob dyledus barch. Gwahanol oedd y dyddiad a ddewiswyd gan bobl yr Eidal wedyn, sef yr ail o Hydref, dyddiad p'un ai damweiniol ai bwriadol fu'r dewis, sy'n briodol iawn yn cyd-ddigwydd â dydd gŵyl yr Engyl Gwarcheidiol yng nghalendr yr Eglwys Babyddol. Doedd bosib 'mod i o bawb yn cael fy meithrin ar gyfer bod yn angel gwarcheidiol i unrhyw greadur. A helpo'r truan hwnnw!

Hir, tragwyddol hir, fu'r aros ond ag Eisteddfod Genedlaethol Sir y Fflint, dacia hi, yn ei hanterth, ar y dydd Mercher, yr wythfed o Awst – fu erioed glandro mor gysact – fe gyflawnwyd proffwydoliaeth y syrjeri.

A ninnau yn ein ffwdan yn rhuthro i lawr i'r De bu raid oedi mewn arosfan ar gyrion Llandeilo rywle i ufuddhau i alwad y ffôn symudol. Roedd hi'n dri munud i hanner dydd pan glywyd ei thad yn cyhoeddi gyda balchder ond â pheth cryndod yn ei lais fod Erin Haf wedi dod i'r byd gwta ddwyawr ynghynt a bod y fam a'r plentyn, o ddyfynnu y datganiad moel arferol 'both doing well'!

Dyna hi'n ddominô arnom wedyn am gael gwrando ar sylwebaeth ar seremoni'r Fedal Ryddiaith o'r Wyddgrug! Byddai'n hwyr y dydd arnom yn clywed pwy a'i cipiodd. Onid oedd gennym yn y cyfamser bethau rheitiach i'w hystyried nag i gonstro ynghylch ryw faterion llenyddol digon dibwys?

Cyrraedd Ysbyty Frenhinol Gwent o'r diwedd a chael y wefr o gydio ynddi am y tro cyntaf er bod ei mam a'i nain yn od o ffyslyd wrth drosglwyddo'r chwephwys a'r tair owns ar ddeg imi hefyd – 'Bendith y Tad i ti! Gwylia na wnei di ddim mo'i gollwng hi wir!' Fel petawn i'n hollol ddiglem ac anghyfrifol. Ond pan fo'ch wyres gyntaf yn cau ei dwrn bach yn dynn am un o fysedd eich llaw fe wyddoch chitha wedyn eich bod wedi eich rhwydo am byth, nad oes yr un ddihangfa.

O'i chodi, dyna hi'n bywiogi drwyddi gan gicio'i choesau i'r awyr eithr gan ryw ddechrau crengian yn ddolefus. A dyna sylweddoli fod y cyfarfyddiad cyntaf hwnnw yn enedigaeth i ni'n dau, ei chyntaf hi, yr ail i minnau. Allwn i wneud dim namyn craffu'n hurt ar y bwndal bach crebachlyd, diymadferth, hanner dall,

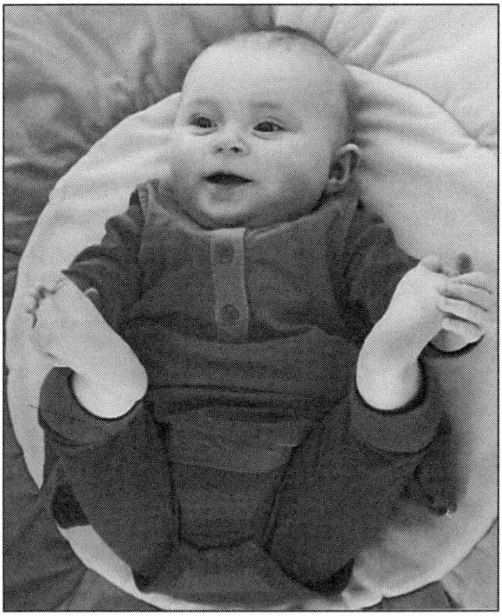

protestgar hwn yn fy mreichiau, eithr unwaith y rhoddais gusan ar ei thalcen fe ymlonyddodd, a chyda rhyw gyfrwystra greddfol y mae pob merch yn berchen, arno fy llorio â'i gweniaith.

Wrth reswm pawb, doedd hi ddim ond gwyrth fach led gyffredin, eithr rhyfeddod y rhyfeddodau i mi wrth i mi anwylo llyfnder ei chnawd ac wrth i'r llygaid gleision na welai fawr ddim drwyddynt ar y pryd serennu'n ôl arna innau.

Ond yr oedd ei thaid eisoes yn dechrau anesmwytho wrth feddwl am ei dyfodol. Y fath gyfrifoldeb fyddai ei hamddiffyn a'i gwarchod. Lai na blwyddyn ynghynt doedd dim sôn amdani. Doedd hi ddim yn bod. Yn awr roedd hi'n llenwi'r holl le. Roedd pob rheswm yn datgan y gallai gorofal neu orbryder yn ei chylch droi'n rhywbeth peryglus o obsesiynol, ond am y tro hwyrach y maddeuid i ddyn am gael dôs o'r jityrs, o fynnu ei chodi bob tro y byddai ddim ond yn ymystwyrian, am fynnu ei deffro pan fyddai wedi syrthio i drwmgwsg dim ond i gael y sicrwydd ei bod yn dal yn fyw! Allwn i deimlo dim ond dirfawr arswyd wrth iddi, ar ôl ychydig oriau, ddechrau stampio ei hewyllys ei hun ar bob un ohonom, a thrwy hynny ddod â thrawsnewidiad llwyr i'n bywydau. Ofer fyddai disgwyl i bethau fyth fod 'run fath wedyn.

Erbyn hyn, er nad yn annisgwyl, daethom yn dra chyfarwydd â rhodio cynteddoedd Mothercare, Ethel Austin, Toys-r-us a'u tebyg er ei lles, er mai'r unig beth a wir ddeisyfwn ar ei rhan yw y bydd iddi gofleidio blas ar fyw ar yr hen ddaear yma ac y daw iddi, beth bynnag a wna, ac i ble bynnag y bydd ei chyfeiriad, hapusrwydd wrth droedio'r daith, ac y gall hithau o bryd i'w gilydd hwyrach drosglwyddo peth o'r blas hwnnw yn ei dro i eraill.

Yn y cyfamser mae'n cynnig ail gyfle i ninnau. Wrth gydio yn ein llaw gall ein harwain ar hyd llwybrau aeth yn ddieithr ac anghyfarwydd inni; gall ein herio i geisio ateb y cwestiynau hynny na eill ond pob plentyn eu gofyn; a hwyrach, pwy a ŵyr, y cawn gipolwg eilwaith ar fyd y tybiem ein bod wedi cefnu am byth arno, ond yn awr yn ei chwmni, y gallwn ddychwelyd iddo a'i ddarganfod o'r newydd.

Nid bod dyfodiad ychwanegiad i'r teulu yn fêl i gyd bob gafael chwaith. Gall rhai maglau fod ar y llwybr. Rhaid troedio'n ofalus. Bydd pethau'n wahanol. Nid plentyn Taid a Nain mohono wedi'r cwbl. Rhaid iddyn nhw feithrin y grefft, anodd ar adegau, o sefyll o'r neilltu. Ar ysgwyddau'r rhieni ifanc y gorwedd y cyfrifoldeb. Rhaid dysgu'r ddawn o frathu tafod, o ymatal rhag bod yn rhy barod i weinyddu cyngor oni chaed cais am un, gan gofio bod syniadau a safonau y genhedlaeth newydd yn dra gwahanol i'r eiddynt hwy. Purion, yr un pryd, fyddai peidio â throi clustfyddar yn llwyr ar eiriau doeth Harry Truman gynt pan haerodd ei fod ef ers tro byd wedi hen sylweddoli mai'r dull gorau o roi unrhyw gyngor i'w blant oedd drwy geisio canfod i ddechrau beth yn union oedd eu bwriad ynghylch unrhyw fater, cyn mynd ati wedyn i'w cymell yn daer i weithredu'r union fwriad hwnnw!

Ond dichon fod ambell un mwy profiadol na'i gilydd yn y maes yn methu'n lân â dirnad pam fod angen cymaint o wag athronyddu fel hyn, o godi cymaint o stŵr ac o faldorddi ynghylch mater mor ddibwys, yn arbennig o gofio fod tair miliwn ar ddeg wedi tramwyo'r ffordd hon o'n blaenau ni dim ond yn ystod y deng mlynedd ar hugain diwethaf 'ma'n unig. Ac oni thynnodd rhyw Sais i lawr yn y pentre 'ma ar ei brofiad helaeth ef yn y maes, fel taid eisoes i ddeuddeg, gydag o leiaf un arall ar y ffordd: 'It's no big deal, you know,' eithr gan ychwanegu'n rhybuddiol â chri o'r galon, 'bloody expensive at Christmas, mind!'

Yr unig ddadl sydd gen i wrth geisio ymgyfiawnhau yw na ddigwyddodd y profiad erioed o'r blaen i ni acw. Wedi'r cyfan, 'ni wirionir yn llwyr nes gwelir yr ŵyr' a ballu.

Ond mi galliwn ninnau hefyd rywbryd, decini.

Gan yr un awdur

Codi canol cefn
Llacio'r gengal
Rwbath at yr achos
Clwydda i gyd
Dal i frygowthan

Robin Rengan Las a'i debyg
Y llanc nad yw mwy
Tawelu'r ysbrydion
Tua'r dalar

DRAMÂU

Tewach dŵr
(Enillydd y Fedal Ddrama yn
Eisteddfod Genedlaethol 1983)

ynghyd ag wyth o ddramâu byrion yng
Nghyfres y Llwyfan (Carreg Gwalch)

GOLYGU

Sôn dynion amdanynt (gyda Harri Parri)
Yr un mor wen
Ysgub o'r ysgol
Llew Llwydiarth
Bwrw cyfrif 'rôl canrif
Profiadau Gwyddelig